KARL LOTZE

Das Ansprechen des Hirsches

Merkmale guter und schlechter Veranlagung

Mit Federzeichnungen des Verfassers auf 48 Tafeln

10. Auflage

VERLAG M. & H. SCHAPER · HANNOVER

1977

Gesamtherstellung: Hans Kock, Buch- und Offsetdruck, Bielefeld

ISBN 3-7944-0031-3

Meinem warmherzigen Förderer

PROFESSOR JULIUS OELKERS †

Hann. Münden

Vorwort zur 9. Auflage

Diese 9. Auflage hat Karl Lotze nicht mehr erlebt. Sein Tod wurde in der Jagdpresse entsprechend seinem Wirken voller Anerkennung gewürdigt.

Der Verlag — mit dem Verstorbenen durch die drei Ansprech-Leitfäden für Rothirsch, Rehwild und Damwild sowie die große Monographie „Stärkste Rothirschgeweihe der Welt" in Jahrzehnten eng verbunden — dankt Karl Lotze auch an dieser Stelle. In seinen Werken wird sein Schaffen weiterleben.

Möge auch diese neue Auflage weiterhin zum waidgerechten Bejagen des edlen Hirsches beitragen.

Hannover, 1973 — Der Verlag

Vorwort zur 10. Auflage

Die vorliegende 10. Auflage beweist einmal mehr, wie sehr dieses Ansprechbuch gefragt ist und sich bewährt hat. Als Lehrbuch gehört es zur unentbehrlichen Fachliteratur eines jeden Waidmannes. Mehr als 30.000 Jäger benutzen es bereits als Leitfaden und Ratgeber. Karl Lotze schrieb zur 8. Auflage: „Es muß gut bestellt sein um Hege und Bejagung unseres hochedlen Wildes, wenn die Jägerwelt die Aufgabe so ernst nimmt, wie es die regelmäßig folgenden Neuauflagen nachweisen!" Der Verlag bestätigt diesen Trend, der sich in der zunehmenden Verbreitung des Buches ausdrückt.

Hannover, im September 1977 — Der Verlag

Zum Geleit

Vor zwanzig Jahren erschien „Das Ansprechen des Hirsches“ von Jagdmaler Karl Lotze-Marburg/Lahn im Verlage M. & H. Schaper-Hannover. Die grundlegenden Beobachtungen und Zeichnungen machte Lotze im Gahrenberg, dem Lehrforstamt für Waldbau und Jagd der Forstlichen Fakultät Hann.-Münden der Georg-August-Universität Göttingen. Wir Revierbeamte haben ihm gern bei seinen Studien geholfen. Lotze ergänzte den Inhalt der 1. Auflage durch Beobachtungen in fast allen größeren Deutschen Rotwildrevieren und Jahr für Jahr im Gahrenberg. Wir Gahrenberger haben seine Schrift ständig benutzt für Plan und Abschuß. Lotze führte ferner von 1923 ab „Das Gahrenberger Hirschbuch“, worin die Geweihentwicklung jedes Hirsches vom 2. Kopf ab aufgezeichnet wurde. Er vermaß und zeichnete hierfür jedes Jahr die Abwürfe und die Geweihe der erlegten Hirsche. So erhielten wir ein genaues Bild des Auf und Ab des Hirschbestandes und damit eine vorzügliche Unterlage für die Bestimmung des Abschusses nach Zahl und Güte.

Das Ergebnis unserer gemeinsamen Arbeit im Gahrenberg mögen nachstehende Zahlen kennzeichnen. Das Alttier wog im Durchschnitt der Jahre 1923—25 52 kg und 1935—39 60 kg. Wir schossen aus jeder Altersklasse die schwächsten Stücke. Das stärkere Alttier setzt den stärkeren Hirsch. In den beiden Vergleichszeiten stieg das Körpergewicht des jagdbaren Hirsches von 90 auf 125 kg. Wir hatten 1923—35 3 % über 160 Nadlerpunkte, 1935—39 10 % über 170 Nadlerpunkte, erreichten weiterhin als Obergrenze 180—190 Nadlerpunkte bei einzelnen Geweihen.

Dieses Ergebnis war bedingt durch Lotzes Ansprechbuch, weil es in **Wort und Bild** unsere Erfahrung dem Leser vermitteln konnte. Das wäre nicht möglich gewesen ohne die Zeichnungen Lotzes. Photos reichen nicht aus. Je genauer der zu erlegende Hirsch dem Jäger gekennzeichnet wird, desto sicherer läßt sich das Ziel erreichen, des auf den Standortsverhältnissen — Gahrenberg: Buntsandstein — des Forstamts oder Jagdbesitzes erreichbaren idealen Rotwildbestandes.

Hann.-Münden, Brunft 1957

J. Oelkers

Zur Einführung

Der S c h w e r p u n k t d e r H e g e unserer, infolge des durch Jahrzehnte fasch gehandhabten Abschusses, „heruntergeschossenen“ Rotwildbestände muß sich in erster Linie auf **Ausmerzung ungeeigneter Erbträger** und auf Einhaltung des für uns tragbaren Geschlechtsverhältnisses 1 : 1 erstrecken. Die guten Erbträger sollen älter als 10 Jahre werden. Der Gesamtwildbestand muß an Zahl den Äsungsbedingungen entsprechend und im Hinblick auf die Erfordernisse der Holz- und Landwirtschaft abgestellt werden. Im Rahmen des Abschußsolls steht die Erlegung der abschußnotwendigen Hirsche an erster Stelle, weil für jeden ein Jahr früher zur Strecke gebrachten Artverderber bei gleichbleibendem Wildbestand ein dem Zuchtziel nahe kommender Hirsch ein Jahr länger gehegt werden kann. Die Ernte starker Kronenhirsche ist vorläufig nur als Lohn für lange Mühen und große Opfer innerlich berechtigt.

D e n A b s c h u ß h i r s c h m ö g l i c h s t f r ü h m i t S i c h e r h e i t a n s p r e c h e n z u l e r n e n , i s t d i e n o t w e n d i g s t e V o r a u s s e t z u n g z i e l b e w u ß t e n A u f b a u e s u n d d e r e i g e n t l i c h e Z w e c k d i e s e s B u c h e s .

„Abschußhirsch“ ist ein relativer Begriff. Abschußhirsche sind jeweils die nach Wildpret und Geweih schlechtest veranlagten Hirsche des Bestandes.

Für den Durchschnitt der europäischen Rotwildgehege kann jedoch in der Gegenwart eine Norm gelten, die in folgendem vor allem bildmäßig erläutert werden soll.

Für die Kennzeichnung der Unterschiedsmerkmale auf den Tafeln gelten folgende Buchstaben:

Für den schlecht Veranlagten	**A** = abschußnotwendig
Für den gut Veranlagten	**Z** = züchterisch wertvoll
Für den Zweifelhaften	**M** = mittelmäßig

Die Altersstufen und die Geweihentwicklung beim Rothirsch

Die Tafel 1 gibt ein Schema der Entwicklung des Rothirsches im Rhythmus seines Lebens. Sie veranschaulicht, wie der Hirsch im Laufe des Jahres durch seine verschiedenen Lebensalter hindurch sein Geweih aufbaut. Die **senkrechten** Spalten zeigen die Geweih**entwicklung** innerhalb des **Lebensjahres,** die **waagerechten** Spalten innerhalb der **Monate;** die zwischen den Monaten Oktober und November hervorgehobene Linie soll den Zeitabschnitt kennzeichnen, in dem die **Geweihentwicklung** am lebenden Hirsch **vorwiegend beobachtet** wird (September–Dezember).

Das Leben des Hirsches beginnt in der Regel im Mai–Juni, der sogenannten **Setzzeit** oder **Hegezeit.** Der Hirsch ist dann bis zum April des nächsten Jahres **Hirschkalb.**

Im Anfang des 2. Lebensjahres (Mai – September) werden die **ersten Spieße** geschoben und oft erst im Oktober gefegt. Dieses Geweih heißt 1. Kopf.

Zu Beginn des 3. Lebensjahres (Mai) erfolgt gewöhnlich das Abwerfen der ersten Spieße.

Im August des 3. Lebensjahres (zweiter Kopf) ist das „Milchgebiß" völlig gewechselt, denn dann ist kein Milchzahn mehr vorhanden. Im November ist das Gebiß vollständig, also der letzte Backenzahn (VI) heraus, der jedoch mit dem Milchgebiß nichts zu tun hat.

Danach wird das **1. Sechser- oder Achtergeweih,** bei sehr guter Veranlagung und guten Äsungsverhältnissen manchmal auch bereits ein **Kronengeweih geschoben,** bei schlechter Veranlagung auch nur ein **Gablergeweih.** Zur **Zeit der Brunft** sind diese Hirsche 2½jährig. Da sie das 2. Geweih tragen, nennt man sie Hirsche vom 2. Kopf, später entsprechend vom 3., 4. Kopf usw. Nun verschiebt sich die Abwurf- und Fegezeit von Jahr zu Jahr auf einen früheren Zeitpunkt.

Vom 8. Kopf an bleibt sie, nur noch durch Standort (Äsung) und Witterung in geringem Umfange beeinflußt, stehen.

Altersstufen und Geweihentwicklung

Kopf		1.	2.	3.	4.	5.	6.	7.	8.
Lebensjahr	1.	2.	3.	4.	5.	6.	7.	8.	9.
Mai	Setzzeit	Spiesse werden geschoben	Spiesse abgew.						
Juni									
Juli	Hirschkalb			gefegt	gefegt	gefegt	gefegt	gefegt	gefegt
Aug.			gefegt						
Sept.		Spiesse werden gefegt							
Okt.									
Nov.	Beginnende Entwicklung der Rosenstöcke u. Spiesse	1½	2½	3½ Milchgebiß völlig gewechselt	4½	5½	6½	7½	8½ Jahre alt.
Dez.									
Jan.									
Febr.									
März					Es wird				
April			Es wird abgeworfen	Es wird abgeworfen	abgeworfen				

z.B. Im Frühjahr des 6. Jahres wirft der Hirsch den 4. Kopf ab und trägt im Herbst des 6. Lebensjahres sein 5. Geweih (5. Kopf) und ist 5½ (5,5) Jahre alt.

Sehr viele Hirsche pflegen am gleichen Tage des Jahres abzuwerfen. Diesen Umstand zu beachten, ist für den Heger wichtig, wenn er in den Besitz der Abwürfe gelangen will.

Oft zeigt am lebenden Hirsch **ein weißlicher Ring unter der Rose** das unmittelbare **Bevorstehen** des **Abwurfzeitpunktes** an*).

Das Studium der Abwürfe und das Beobachten der entsprechenden Geweihe draußen im Revier **lehrt** erst das **richtige Ansprechen.** Wenn sich auch der Kronenaufbau bei manchen Hirschen von Jahr zu Jahr mehr oder weniger ändert, so daß manchmal ein Wiedererkennen nicht möglich erscheint, **gibt** es doch bei den **meisten** Hirschen **besondere Merkmale,** die es ermöglichen! Wer sich also über die Entwicklung seiner Hirsche ein klares Bild machen will, muß unbedingt danach trachten, in den Besitz möglichst sämtlicher Abwürfe zu gelangen.

---

*) Diese Erscheinung habe ich in freier Wildbahn mehrfach beobachtet. Sie wurde mir im Zoologischen Garten in Köln (durch Herrn Direktor Dr. Hauchecorne †) bestätigt.

Erstes Lebensjahr

Das Hirschkalb ist im letzten Viertel seines 1. Lebensjahres an dem Rosenstockhaarkranz (Tafel 2, oben links, a) zu erkennen. Im Mai bis Juni des 2. Lebensjahres ist der Hirsch 1 Jahr alt und wird nach gerechtem Brauch **„Rotspießer"** genannt. (Die alten Jäger vertraten dagegen die Ansicht, daß bereits ab Martini (11. November) des 1. Lebensjahres das Hirschkalb zum Rotspießer würde, weil dann der Rosenstock wächst und sich ein sichtbarer Haarkranz darum zu bilden beginnt.)

Ein dem Erstlingsgehörn des Bockkitzes entsprechendes **Geweih im 1. Lebensjahr** gibt es beim Hirschkalb **nicht.**

Im Juli des 2. Lebensjahres ist der Spießer 1 Jahr und 3 Monate alt. Im **August** bis **September** werden diese Spießer gefegt.

Erstes bis zweites Lebensjahr

1. Kopf. 1 Jahr und 3 Monate alt
Juli–August des zweiten Lebensjahres

Die eineinhalbjährigen Hirsch- und Wildkälber

sind schwer zu unterscheiden. Erst im Winter (Dezember bis Februar) ist eine bessere Unterscheidung möglich.

Das Hirschkalb sieht gedrungener aus, sein Haupt ist breiter und der Ausdruck des Gesichtes ausgeprägter. **Sicherstes Ansprechmerkmal ist das Nässen,** das zu beobachten man allerdings nur selten Gelegenheit hat. Meistens stehen Alttier, Schmaltier oder Schmalspießer und Kalb als Rudel zusammen. In diesem Zeitabschnitt wird der Schmalspießer **bei mangelhafter Beobachtung leicht mit älteren Spießern verwechselt,** weil oft der Hals (Kragen) im Winterhaar stärker ausgeprägt ist.

Gut veranlagte, starke Hirschkälber zeigen im Winter oft schon einen Ansatz zur Mähne.

Wildkalb Hirschkalb

Alttier

Hirschkalb Wildkalb

Alttier guter Schmalspießer

Zeit: Jan.-Febr.

1. Kopf

Zweites Lebensjahr

Unter normalen Verhältnissen muß der $1^1/_2$jährige Spießer im September fegen. **Späteres Verfegen deutet meist das Vorliegen einer Entwicklungsstörung an,** denn es handelt sich um ein spätgesetztes Stück. Die Spieße vom 1. Kopf **haben keine Rosen.**

Der Abschußhirsch

Der abschußnotwendige Spießer hat kurze (kaum 5 cm **lange) spitz- und pfriemenförmig auslaufende Spieße,** die oft vom Rosenstockhaarkranz ganz verdeckt sind (Tafel 4, oben A).

Spießer vom 1. Kopf sollen **nur dann geschossen werden,** wenn sie auch **im Spätherbst** (ab 1. Oktober) **noch nicht** gefegt haben **und im Wildpret auffallend gering** sind.

Der Zukunftshirsch

Der Zukunftsspießer hat gleichmäßig starke, mehr oder weniger lange Spieße, die oben dunkle, faule, oft abgeplattete Spitzen haben.

Die zukünftigen Kapitalhirsche zeigen jetzt schon Verdickungen, einen gewissen Auslageschwung und – sehr selten – Kronenandeutung (Tafel 4, unten).

Spießer, die bereits Anfang August blank gefegt haben, sind $2^1/_2$jährig und müssen als schlecht veranlagt abgeschossen werden. Dagegen ist der junge, noch schiebende Spießer im Bast zu schonen. Er ist $1^1/_2$jährig.

1. Kopf. Zweites Lebensjahr

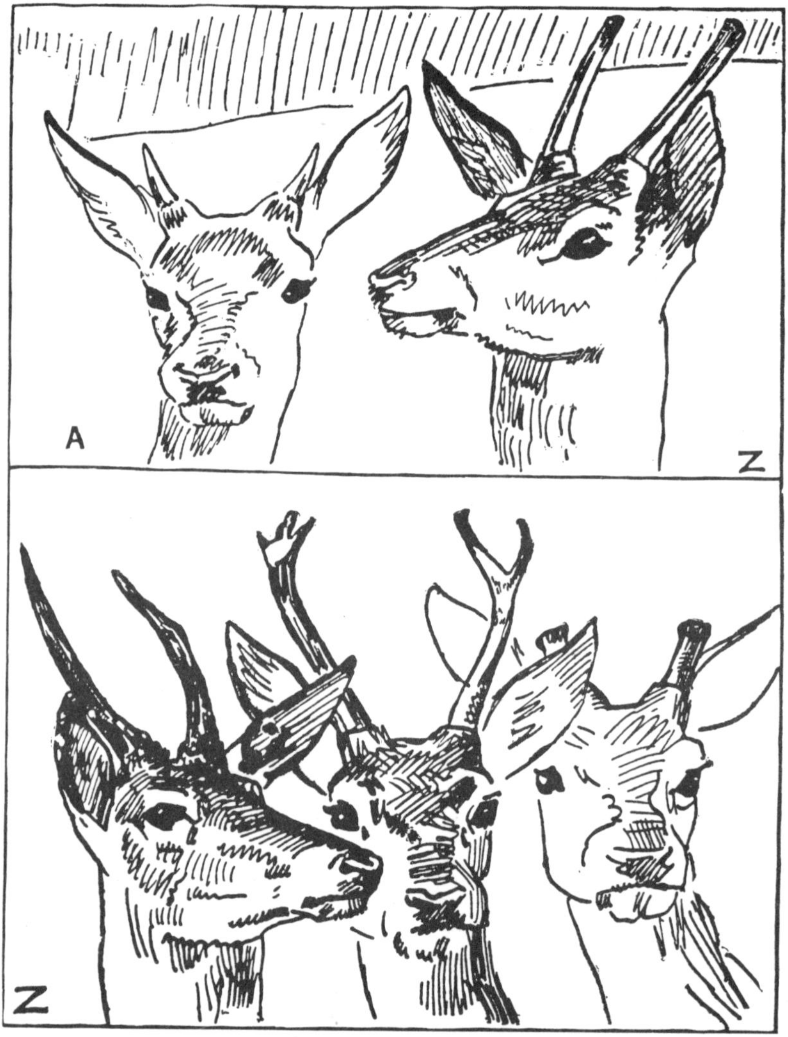

Oben: A. Schlecht veranlagter und gut veranlagter Spießer Z.
Unten: 3 verschiedene gute Spießer, in der Mitte ein Kronenspießer!

1. Kopf

Zweites Lebensjahr

Gut und schlecht veranlagte 1½jährige Spießer

Der Abschuß von schlechten **Spießern** ist in hegerisch gut verwalteten Revieren von nicht zu unterschätzender Bedeutung. Die Gegenüberstellung von **guten** (A, B, C) und **schlechten** Spießern (D, E, F) veranschaulicht deren Qualitäten (Tafel 5).

Der gute Spießer A (aus einem sehr guten Standortsgebiet) zeigt schon eine besondere Veranlagung für gute Perlung. Die Spitzen der Spieße sind wie auch bei B abgestumpft, ein Merkmal guter Veranlagung!

Die Rosenstöcke sind bei den gut Veranlagten stärker als bei den schlecht Veranlagten (D, E).

Die geringen Spieße bei D und die spitzen, blanken Spieße bei E zeigen deutlich deren Abschußnotwendigkeit.

Gut und schlecht veranlagte 1½jährige Spießer

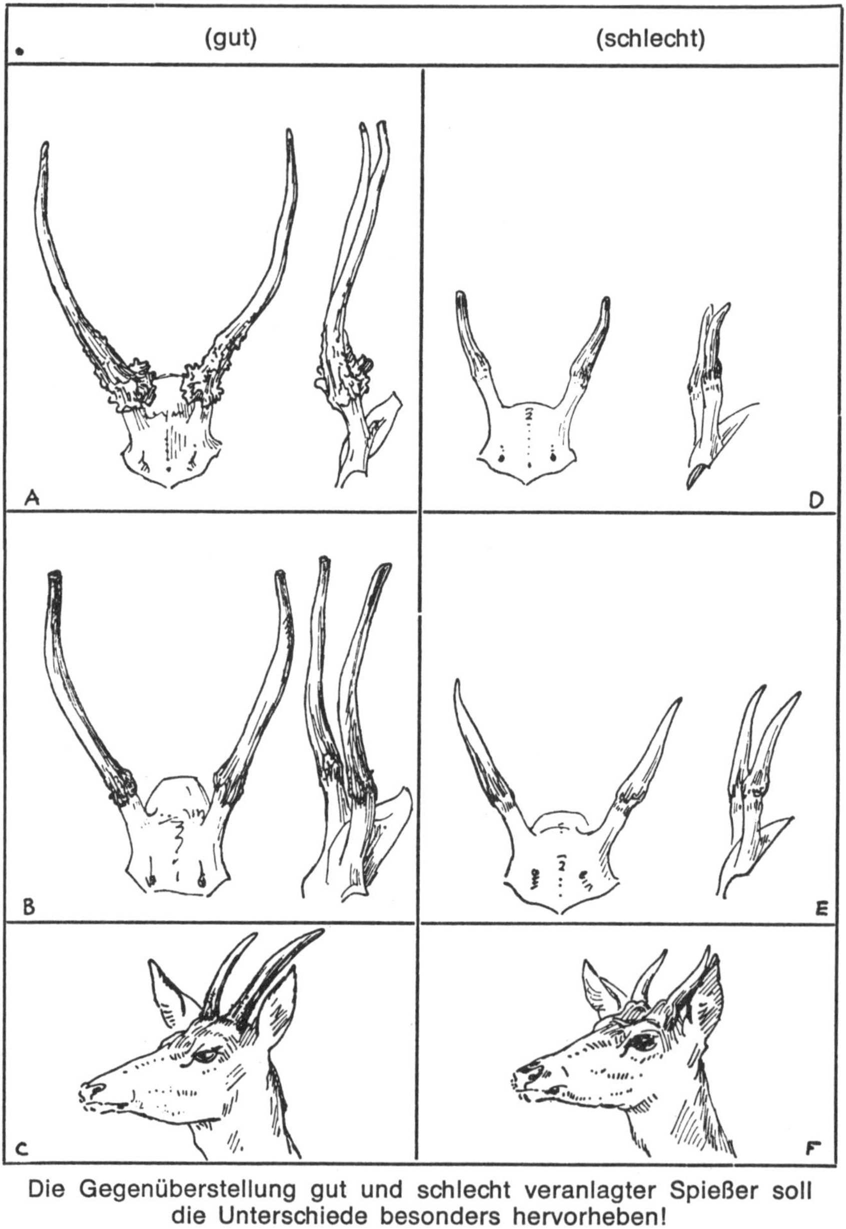

Die Gegenüberstellung gut und schlecht veranlagter Spießer soll die Unterschiede besonders hervorheben!

1. und 2. Kopf

Spieße und Abwurfmerkmale

Tafel 6 A und B zeigen einen guten und einen schlecht veranlagten Spieß auf dem Schädel. a deutet die Trennungslinie an, an der der Spieß sich später vom Rosenstock trennt. A ist ein besonders gut veranlagter Spießer mit angedeuteter Augsprosse durch die außergewöhnliche Perlung, welche hier „falsche" Rosen hervorgebracht hat.

Einjährige Spieße haben eine verlängerte Abwurfbasis, was auch meist der 2. Kopf noch hat und sich dadurch leicht vom 3. Kopf unterscheidet. Es sieht so aus, als ob ein Stück des Rosenstockes mit abgegangen wäre! Ein sicheres Zeichen für die Jugend (C und D).

Der 2. Kopf zeigt zum **erstenmal die echten** Rosen (D), während beim 1. Kopf der Rosenstock in die Perlung übergeht.

Spieße mit Rosen sind immer vom 2. Kopf (oder auch älter) und **stets abschußnotwendig.**

Spieße und Abwurfmerkmale

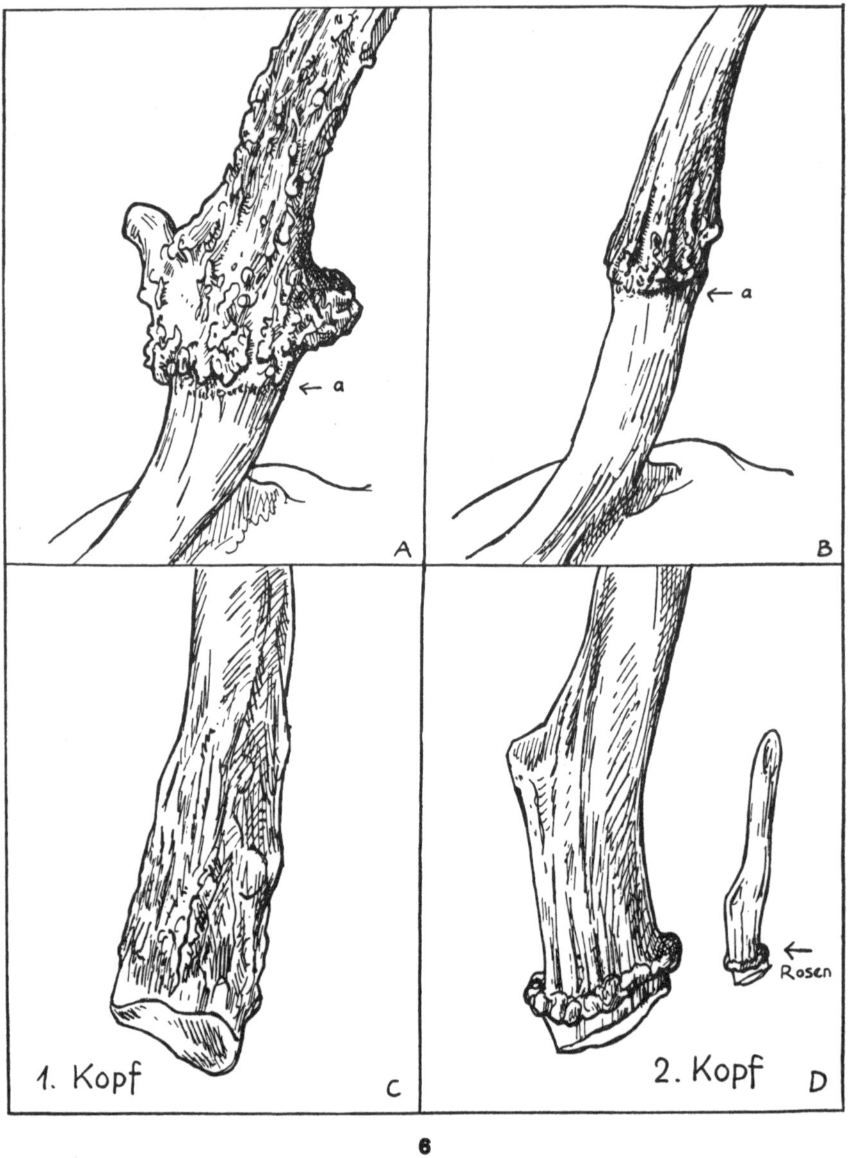

Der Unterschied zwischen 1- und 2jährigen Spießern

Der Unterschied zwischen 1- und 2jährigen Spießern ist unverkennbar und für das schnelle Ansprechen von großer Wichtigkeit. Nämlich: Beim 1½jährigen Spießer (1. Kopf) sehen die Spieße von der Seite gesehen **nach vorn** gekrümmt aus.

Beim 2½jährigen Spießer (2. Kopf) sehen die Spieße, von der Seite gesehen, **nach hinten** gekrümmt aus. S. Abbildung unter B, Tafel 7.

Von vorn gesehen, hat der 1. Kopf Spieße, die in der Verlängerung der Rosenstockachse stracks nach oben gehen (A).

Beim 2. Kopf haben die Spießer meistens schon Auslage oder zeigen Augsprossenandeutungen (C) oder geringe Augsprossen (Gabler).

Es gibt auch kapitale Spießer vom 1. Kopf, die schon deutlich Krone und Auslage zeigen. Die Auslage allein ist nicht immer ein Zeichen, daß der Spießer vom 2. Kopf ist.

Der stark nach hinten gekrümmte Spieß wird durch die Bildung der Augsprosse – ob sie da ist oder nicht – veranlaßt und ist ein sicheres Merkmal für den Spießer vom 2. Kopf (Gablerstufe) und gleichzeitiger schlechter Veranlagung.

Unterschied zwischen 1- und 2jährigen Spießern

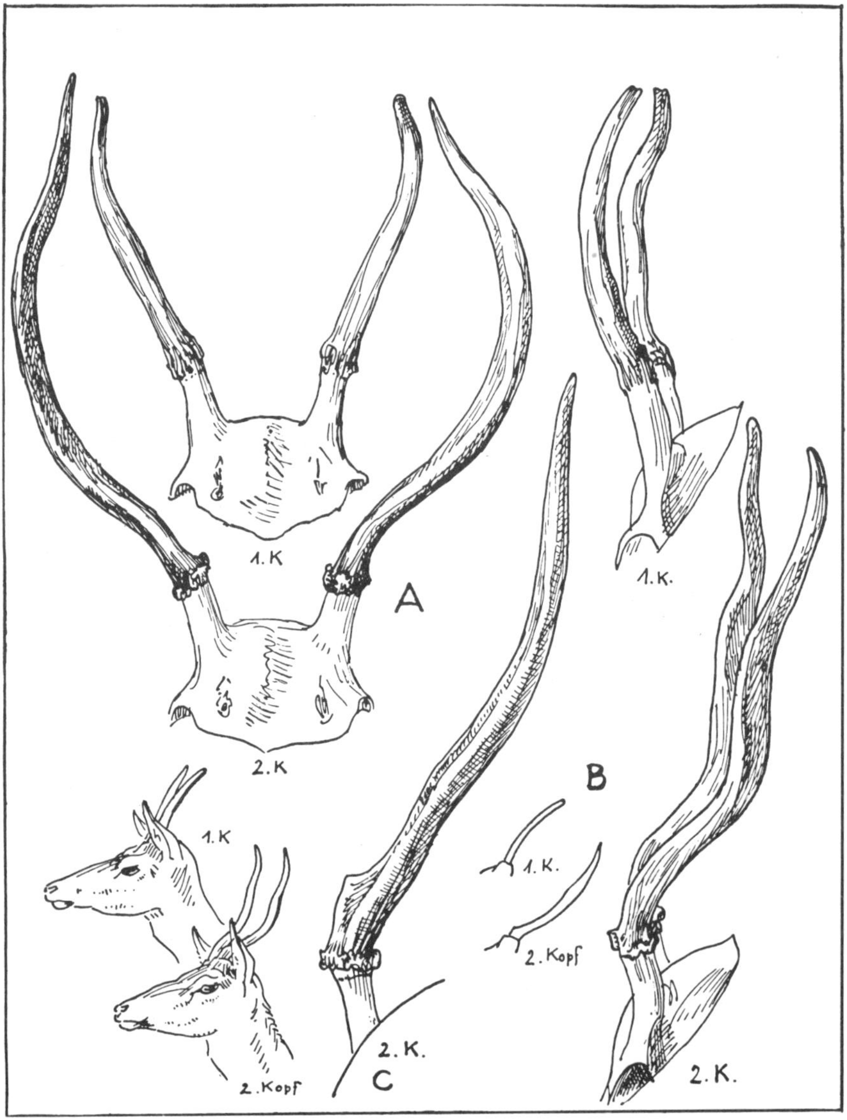

Vom Spießer zum Kapitalhirsch

Vier Spießer und ein Erntehirsch aus einem hessischen Rotwildrevier am Meissner.

Zielbewußte Hege unter Zusammenschluß aller dortigen Rotwildreviere lassen die gut veranlagten Hirsche alt werden.

Oben zwei schlecht veranlagte Spießer mit 20/14 und 12/16 cm Stangenhöhe, Umfang der Rosenstöcke 8,2/7,8 cm und 6,2/6,3 cm. Unten zwei sehr gut veranlagte Spießer (Fehlabschüsse) mit 37/38 und 27/27 cm Stangenhöhe und Umfang der Rosenstöcke von 8,7/8,6 cm und 9,6/10 cm, ein bestveranlagter Kapitalspießer mit angedeuteter Krone auf der linken Stange.

Im Hintergrund ein 12jähriger Erntehirsch. Rosenstockumfänge 17,6/17,4 cm.

Bei den beiden schlecht veranlagten Spießern ist die Verdünnung der Rosenstöcke nach unten auffallend, wie denn überhaupt der schwache Rosenstock Träger eines schwachen Geweihes ist.

Das starke, im Hintergrund angedeutete Geweih ist als Hinweis auf die spätere Entwicklung eines gut veranlagten Spießers zu betrachten.

Vom Spießer zum Kapitalhirsch

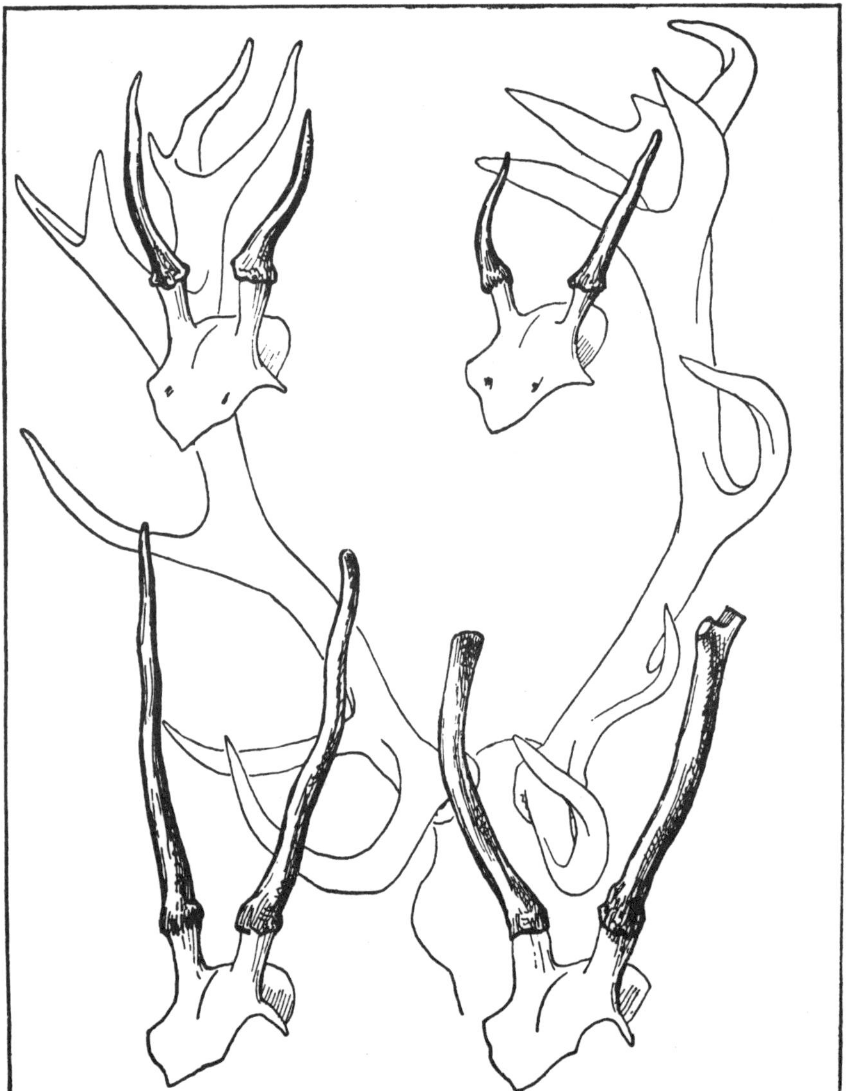

2. Kopf

Drittes Lebensjahr

Die abschußnotwendigen und die Zukunftshirsche vom 2. Kopf sind während der Brunft 2½jährig, befinden sich also im 3. Lebensjahr und sind von jetzt ab gut voneinander zu unterscheiden. **Diese und die 4jährigen** sind die **bekannten Schneider,** die auf den **Brunftplätzen** die **„Zuschauer"** stellen.

Der abschußnotwendige Hirsch hat meistens kurze Enden, die nach oben spitz oder pfriemenförmig auslaufen oder er trägt nur Spieße.

Das beste Merkmal sind die spitzen, weißpolierten, weit sichtbaren Enden, auf ihre Zahl kommt es dabei nicht an.

Die **Spießer** dieser Altersklasse sind daran zu erkennen, daß sie **bereits Anfang August verfegt** haben, daß ihre Stangen als Andeutung der fehlenden Enden oft Knicke oder Leisten zeigen und, seitlich gesehen, nach hinten gekrümmt erscheinen. Die **Gabler** vom 2. Kopf haben geringe Augsprossen und lange Stangen mit angedeuteter Auslage geschoben.

Diese **Spießer** und **Gabler** sowie die **Sechser,** welche eine starke Augsprosse, die Mittelsprosse jedoch kaum angedeutet und darüber hinaus ein langes, dünnes und spitzes Stangenende geschoben haben, sind als **unbedingt abschußnotwendige Hirsche** im Alter von 2½ Jahren ab August auszumerzen, wo man sie auch findet.

Die Zukunftshirsche haben meistens **gleichmäßig starke, häufig dunkle Stangen und Enden.** Die Mittelsprossen sind oft länger als die Augsprossen, die Kronen mehr oder weniger angedeutet. Oft sind die Enden faul, aber **niemals spitz** und **weiß poliert.** Kurze Augsprossen sind bei diesen Hirschen **keine** schlechten Zeichen, wenn die übrige Geweihmasse nach oben verlagert ist. Das Geweih macht im ganzen einen harmonischen Eindruck, die Stärkeverhältnisse sind bis in die Krone ausgeglichener. Die Farbe der Stangen wechselt je nach Erbanlage und Standortverhältnissen.

Zuweilen zeigen **zukünftige Kapitalhirsche** in dieser Altersklasse in der Krone keine ausgeglichene Endenbildung und erscheinen dadurch unschön. **Der Abschuß solcher Hirsche** ist vom hegerischen Standpunkt gesehen **immer falsch.**

Beim 2. Kopf muß man normalerweise mindestens **ein Sechsergeweih** mit **guter Mittelsprosse** verlangen. Bei guter Veranlagung trägt der Hirsch vom 2. Kopf ein Achtergeweih, zuweilen angedeutete Eissprosse oder auch schon angedeutete Kronenveranlagung mit stumpfen, oft faulen Enden. **Solche Hirsche dürfen nicht geschossen werden.**

2. Kopf. $2^1/_2$jährig

A

schlecht veranlagt

Z

gut veranlagt

Vergleiche zwischen 1. bis 3. Kopf

Nur in gut gepflegten Revieren können solch starke Spieße vom 1. Kopf mit 50–60 cm Stangenhöhe vorkommen (D), wie seinerzeit im Gatter Schneeberg oder in den guten Revieren der Donauländer, aber auch bei uns in Rominten, Pleß und anderen bekannten sehr guten Rotwildhegerevieren.

Die 2. Köpfe zeigen bei E den Abwurf eines zweifelhaft veranlagten jungen Hirsches, und bei F einen besonders gut veranlagten Abwurf. Der Gabler vom 3. Kopf ist als unerwünscht unbedingt abzuschießen!

Wenn der 2. Kopf A als unbedingt schlecht anzusprechen ist, könnte man bei E im Zweifel sein. Hier müßte man noch abwarten, weil das stumpfe Stangenende bekanntlich ein Merkmal besserer Veranlagung ist. In sehr guten Revieren wäre auch E abzuschießen.

Es sei auch hier darauf hingewiesen, daß der 2. Kopf C Rosen hat, während der fast ähnliche 1. Kopf keine Rosen zeigt. Beides Abwürfe aus dem ehemaligen Gatter Schneeberg.

Vergleiche zwischen 1. bis 3. Kopf

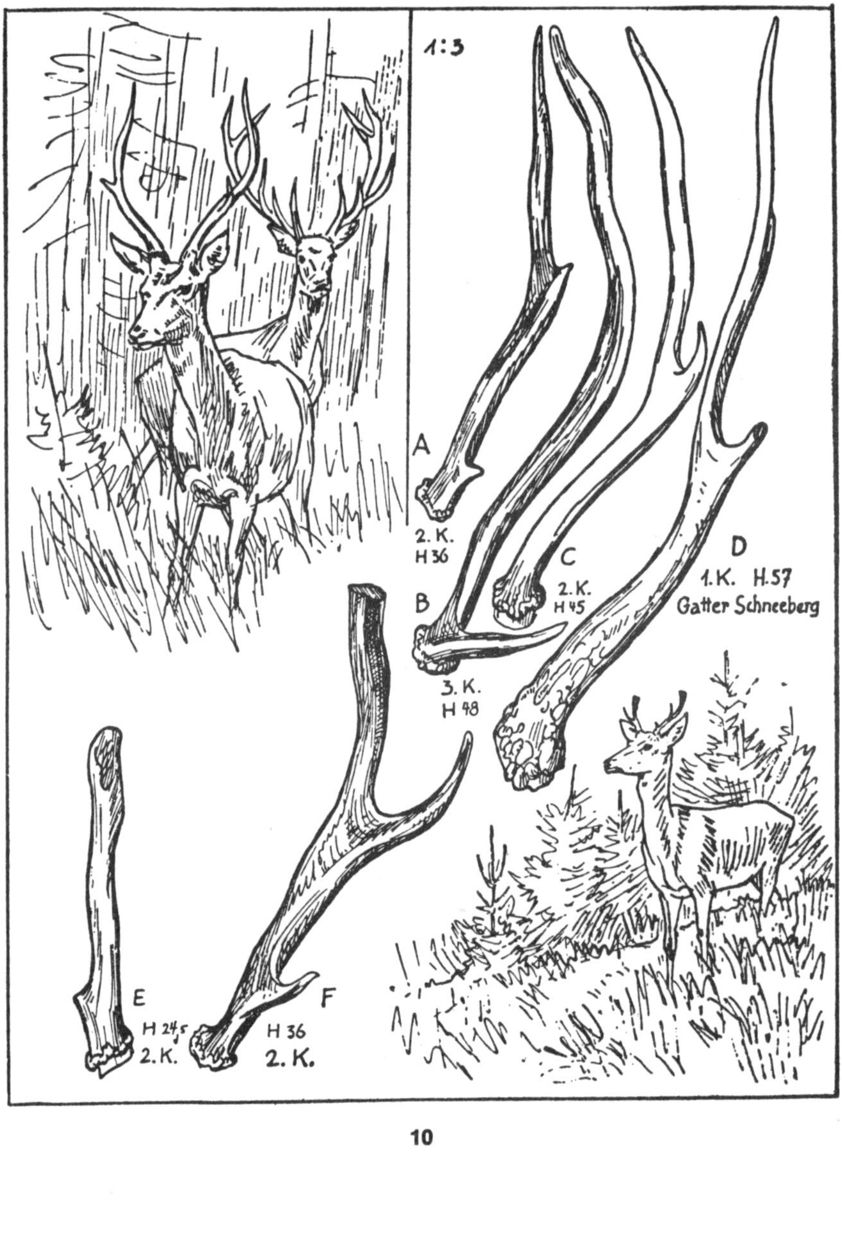

3. Kopf

Viertes Lebensjahr

Für diese Altersgruppe gelten dieselben Ansprechmerkmale wie beim 2. Kopf. Der Gesamteindruck des Hirsches wirkt erwachsener. Das Geweih und die einzelnen Enden sind stärker und länger geworden.

Die Unterschiede zwischen Zukunfts- und abschußnotwendigem Hirsch werden deutlicher, das Ansprechen wird erleichtert.

Beim abgebildeten abschußnotwendigen Hirsch (A) steht die **Mittelsprosse** gerade von der Stange ab. Sie ist auf der linken Stange hoch und breit angesetzt und endet schnell, spitz und blank poliert. Von vorn gesehen sind die Gabelenden nicht gleich stark. Hier ist das innere Ende gleichsam die Fortsetzung der Stange und das äußere Gabelende sitzt auf diesem Fortsatz der Stange auf. Die Endenlänge ist im allgemeinen kürzer als die Hälfte des Zwischenraumes zwischen Mittelsprosse und Kronensprossen oder zwischen **Augsprosse** und **Mittelsprosse.** Das Geweih ist im Aufbau weniger schwungvoll. Frühreif zeigt es schon jetzt **weiß polierte, spitze und harte Enden. Sein Schwerpunkt liegt u n t e n.**

Beim Zukunftshirsch sind die schön geschwungenen langen Enden, insbesondere **d i e M i t t e l s p r o s s e z u b e a c h t e n !** Von vorn gesehen haben die Gabelenden die **gleiche** Stärke. Der Stangenaufbau ist schwungvoller, bewegter und entwicklungsfähiger, **die Wucht** liegt o b e n. Aber auch in diesem Alter finden wir **in der Krone noch stumpfe, faule Enden.**

Abzuschießen sind alle Hirsche vom 3. Kopf, die nur ein Spießer-Gabler- oder Sechsergeweih mit ganz kurzer Mittelsprosse tragen, hinzu kommen die oben beschriebenen schlechten Achter.

3. Kopf $3^1/_2$jährig

Schlecht (A) und **gut** (Z) veranlagter 3. Kopf

Beispiele für die Merkmale guter und schlechter Veranlagung bei 2. und 3. Köpfen

Da das Ansprechen der 2. und 3. Köpfe von besonderer Bedeutung für den richtigen Abschuß ist, seien hier einige Beispiele angeführt.

Der **Unterschied** in **Führung** und **Stärke** der **Augsprossen ist** bei diesen Altersklassen ein sicheres Ansprechmerkmal! Hirsche vom 2. Kopf haben meistens noch **keine gut ausgebildeten Augsprossen.** Erst beim 3. Kopf sind sie bedeutend stärker und zügiger, wie die Abbildung zeigt.

Was die Rosen anbelangt, so kann man erst beim Abwurf den Altersunterschied genauer feststellen. Beim 2. Kopf sind die Rosen bedeutend schwächer als beim 3. Kopf, außerdem zeigen Abwurfstangen vom 2. Kopf meistens noch ein Stückchen Rosenstock, wie schon bei Tafel 6 beschrieben ist.

Gut veranlagte 3. Köpfe können schon Kronen haben! Hier ist mehr auf die **angedeuteten** Kronen bei den 3. Köpfen aufmerksam gemacht.

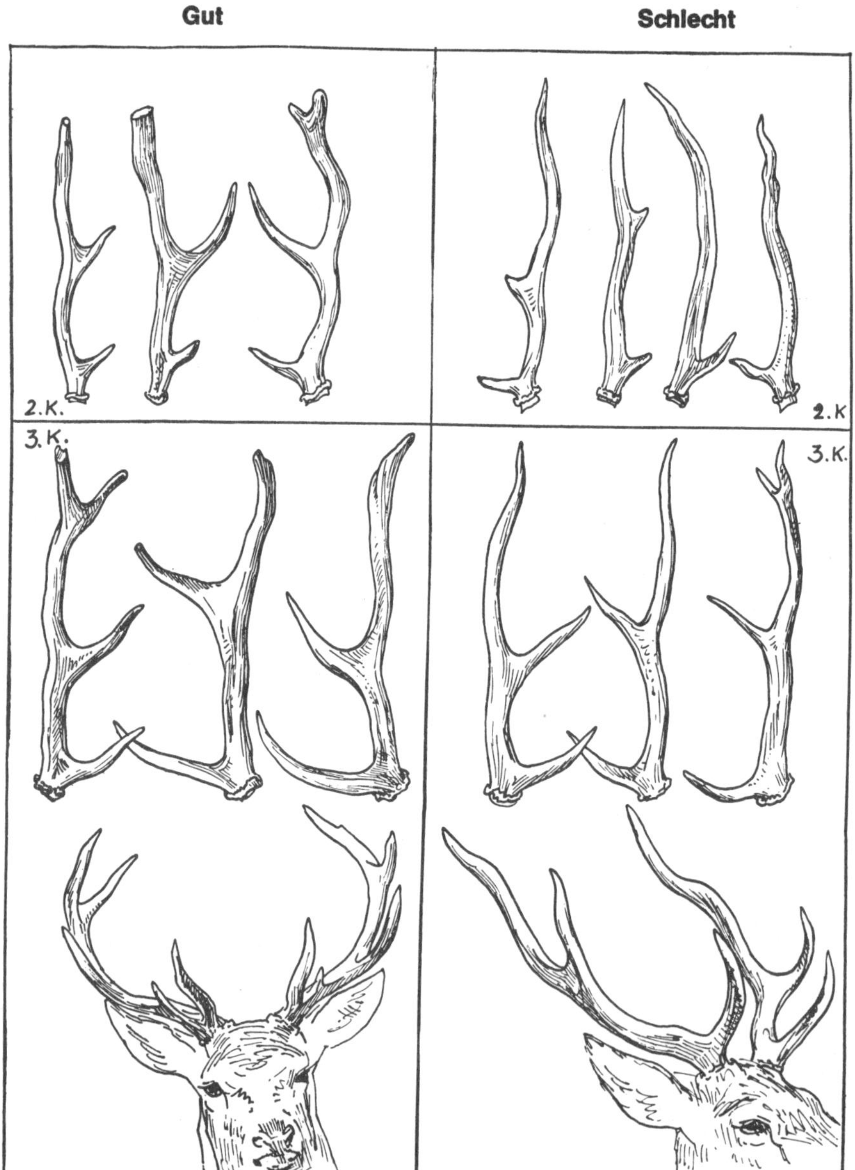

3 Hirsch

Der Geweihzuwachs vom 1. bis 6. Kopf

Das **sicherste Merkmal** für den Spießer vom 1. Kopf ist die **gerade Richtung der Spieße** nach oben von der Seite gesehen in der Rosenstockachse; auch von vorn gesehen halten die Spieße diese Achse. **Die Spieße vom 1. Kopf haben keine Rosen.**

Beim 2. Kopf sind die Rosen zum erstenmal deutlich ausgebildet. Als Spießer, Gabler oder Achter zeigt der Hirsch jetzt die Abweichung von der Rosenstockachse nach hinten und nach der Seite.

Beim Abschußhirsch sind die Enden kurz, unten breit und nach oben spitz zulaufend, oft schon weiß poliert.

Beim Zukunftshirsch fällt sofort die nach oben verlagerte Masse auf, die **Mittelsprosse** ist bereits schwungvoll angesetzt. Die **Stangen** selber sind rundlich und ohne Spitzen. Beim 3. Kopf fällt der **Abschußhirsch** schon merklich ab, hier sehen wir bereits **deutlich das Merkmal: Unten dick – oben dünn!** Beim **Zukunftshirsch** hat sich die **Stange mit gleichem Schwung weiterentwickelt.** Mitunter befinden sich oben zwei gleichstarke Enden, die seitlich gesehen **stark nach vorn biegen, aber nur bei jungen Hirschen.** Sehr oft befindet sich in der Stange unter diesen Enden ein sichtbarer Knick mit einer Leiste nach hinten. Hier ist das kommende Ende für das nächste Jahr angedeutet. Die **Eissprosse ist oft markiert,** und das Augende zeigt jetzt eine kräftige Entwicklung.

Der 4. Kopf hat den **Zukunftshirsch zum Kronenhirsch** werden lassen, während der **Abschußhirsch noch stärker abfällt** als bisher. Die Entwicklung des hinteren Kronenendes geht nun beim 5. und 6. Kopf des Zukunftshirsches schnell voran. Die Bildung von weiteren Kronenenden hängt ganz von der Veranlagung und den Standortsverhältnissen ab. **Vorhandene oder fehlende Eissprosse ist auch jetzt kein charakteristisches Merkmal** für gute oder schlechte Veranlagung zur Kronenbildung. Der abschußnotwendige Hirsch hat außer einer kleinen Eissprosse noch hinten oben ein kümmerndes Ende geschoben. Erfahrungsgemäß wird aus dem dargestellten Abschußhirsch-Typ niemals ein dem Ziel entsprechender Kronenhirsch.

Erscheint bei der Kronenbildung zuerst die vordere Gabel (der vordere Teil stärker als der hintere Teil), so ist die Kronenentwicklung gut. Im allgemeinen ist darauf zu achten, daß bei gut veranlagten jungen Hirschen die vordere Kronenhälfte eine breitgestellte Gabelung und die hintere Kronenhälfte eine breit bis schräggestellte Gabelung zeigt. Die breitgestellten Gabelungen (von vorn gesehn) sind **keine Merkmale schlechter Veranlagung bei jungen Hirschen,** wie oft irrigerweise gesagt wird.

Geweihzuwachs vom 1. bis 6. Kopf

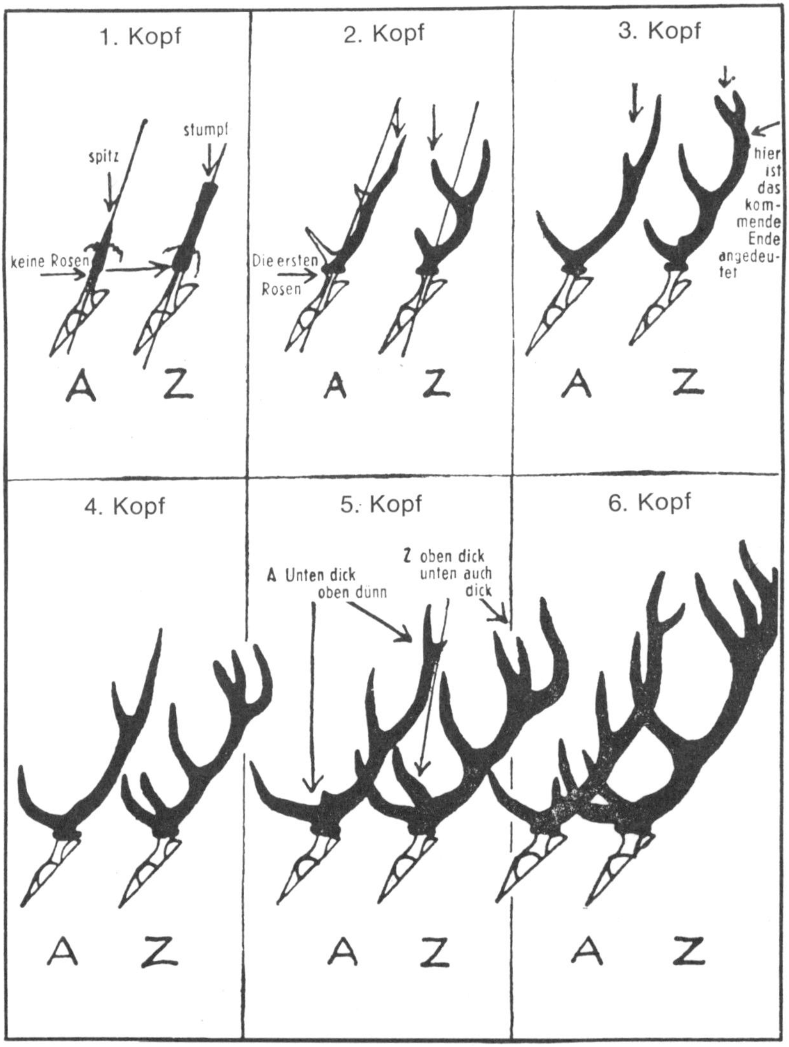

Der Jahreszuwachs bei einem Abschuß- und Zukunftshirsch vom 3. zum 4. Kopf

Der weiß gezeichnete Stangenteil veranschaulicht den 3. Kopf, während die schwarz angelegten Teile die Weiterentwicklung der Stange, den Zuwachs des 4. Kopfes, darstellen.

Es wird deutlich, daß etwa auftretende **Krümmungen** in der Stange (Tafel 14, Abbildung rechts oben) **kein Merkmal fehlerhafter Veranlagung** sind. Solche Krümmungen wachsen sich später aus.

Man beachte:

1. Oberer Stangenteil ist (seitlich gesehen) stark nach vorn gebogen.
2. Gabelenden (von vorn gesehen) sind gleichmäßig stark.
3. **Diese Krümmung** (→) deutet beim **jungen Hirsch** die **spätere Kronenentwicklung** an.

Gleiche Beobachtungen beim **älteren Hirsch** lassen diese Weiterentwicklung meistens nicht erwarten.

Dieser starke **Unterschied zwischen den Abschuß-** und **Zukunftshirschen** kann nicht allein aus den Einflüssen der Umwelt, z. B. der Verschiedenheit des Standortes oder der Äsungsmöglichkeiten, erklärt werden. Er wird **wesentlich** bedingt von den vorhandenen **Erbanlagen.**

Zukunftshirsch und Abschußhirsch unterscheiden sich also auch durch die jährlich zuwachsende Geweihmasse.

Der Jahreszuwachs bei einem A- und Z-Geweih

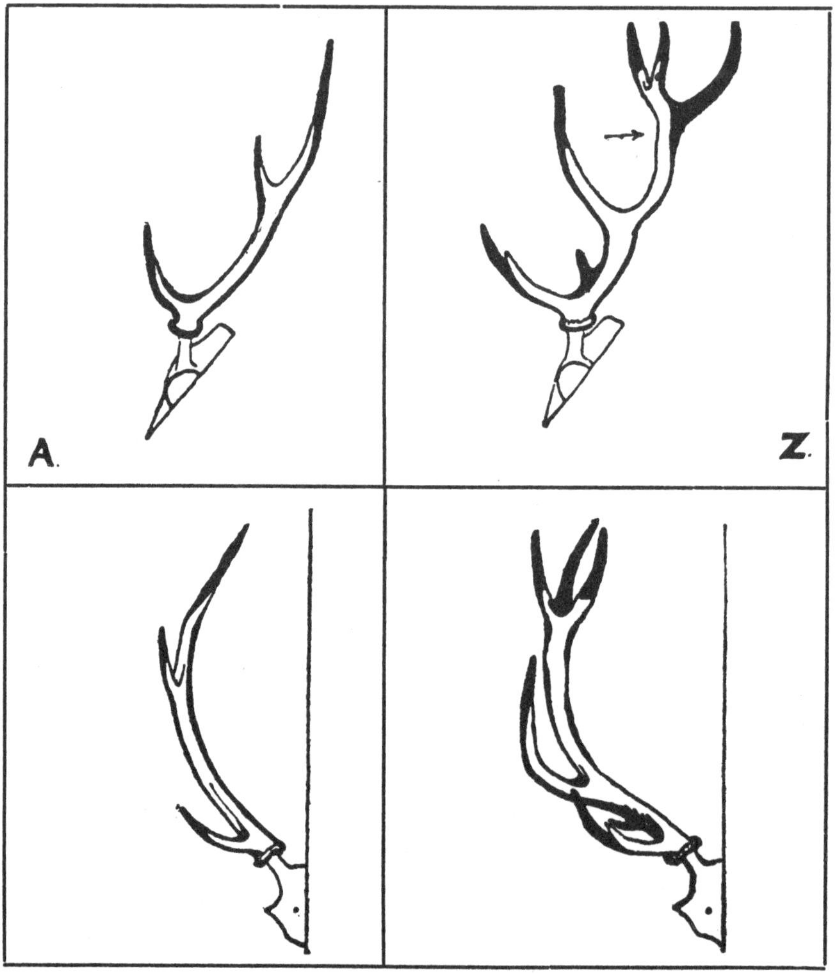

Abwurfserien von Zukunfts-, abschußnotwendigen und mittelmäßigen Hirschen

Die oberste Reihe (a) zeigt den **Entwicklungsgang der Abwurfserie** eines **Zukunfts**hirsches vom 2. bis 12. Kopf, die zweite Reihe zum Vergleich den **Entwicklungsgang** eines **abschußnotwendigen** Hirsches, dargestellt durch maßstäbliche Zeichnung eines Abwurfes jeden Jahrganges und durch die Kurve der Nadlerpunktzahl, die aus beiden Abwürfen unter Zurechnung des durchschnittlichen Schädelgewichts errechnet wurden.

Beim **Zukunftshirsch** (a) liegt die höchste Stärke des Geweihes nach dem 10. Kopf. (Altersgruppe 10- bis 15jährig.) Die Endenzahl ist oft bereits im 8. oder 9. Lebensjahr am größten. Die spätere Abnahme der Enden setzt sich in Stangenstärke und Wucht um. Die auffallende Verschiedenheit in der Form der Kronenbildung ist eine Folge verschiedener Erbanlagen und ihrer Reaktion auf Umwelteinflüsse. Häufig wechselt die Kronenbildung jährlich von der linken auf die rechte Stange, oder sie wechselt rhythmisch beim gesamten Geweih innerhalb des Lebensalters in gewissen Zeitabständen. Weil niemals **eine** bestimmte **Erbanlage** allein im Einzelfalle in Erscheinung tritt, ist **eine Abwurfserie mit stets gleichbleibender Kronenform** kaum vorhanden. Im höheren Lebensalter setzen sich immer die im Individuum am stärksten vertretenen Erbanlagen durch. Wenn nun die Jägerei durch Abschuß der Kronenhirsche die im Wildstand vorhandenen guten Erbanlagen dauernd schwächt, ist es selbstverständlich, daß die Erbmasse der „Kronenlosen" immer mehr die Oberhand gewinnt. Aus diesem Grunde **müssen die bestveranlagten Hirsche alt werden!** Zwar wird der **Typ des Abschußhirsches** niemals auszurotten sein, das **Schwergewicht des Abschusses muß** aber stets diesen **Typ treffen.**

Reihe b stellt eine **Abwurfserie** des **„Ewigen Achters"** dar. Aus dem spitzen oberen Ende des 2. Kopfes entwickelt sich nur sehr langsam die bis ans Lebensende unverändert bleibende Gabel.

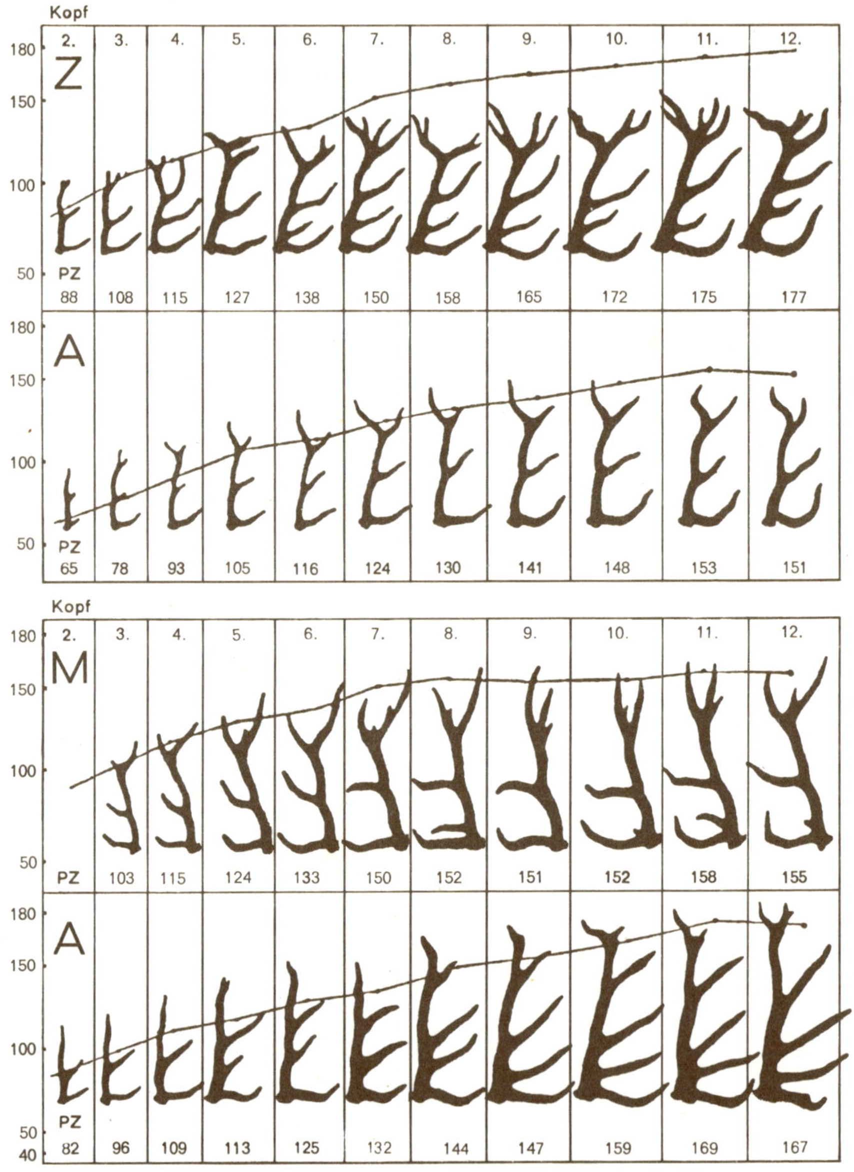

Kopf
2. 3. 4. 5. 6. 7. 8. 9. 10. 11. 12.
180
150
100
50
Z
PZ
88 108 115 127 138 150 158 165 172 175 177
a
A
PZ
65 78 93 105 116 124 130 141 148 153 151
b
Kopf
2. 3. 4. 5. 6. 7. 8. 9. 10. 11. 12.
M
PZ
103 115 124 133 150 152 151 152 158 155
c
A
PZ
82 96 109 113 125 132 144 147 159 169 167
d
40

Die **b e i d e n u n t e r e n R e i h e n** (c, d) zeigen **A b w u r f - s e r i e n** von **m i t t e l m ä ß i g e n** Hirschen, die, obwohl stark in den Stangen und in der Endenbildung, trotz guter Äsung eine gute Kronenbildung nicht erreicht haben. **Diese Hirsche sind ebenfalls vor den Zukunftshirschen zur Strecke zu bringen.** Vom 8. Kopf ab sind es typische abschußnotwendige Hirsche.

Der mittelmäßige Hirsch bildet nur eine **mittelmäßige Krone,** denn die kleinen Nebenenden kann man nicht als vollwertig ansprechen, weil die **erwünschte Krone** mindestens **3 gute lange Enden** haben muß. Solche Hirsche sind nur dann zu schonen, wenn sie die besten eines Revieres darstellen. Das Leitergeweih des abschußnotwendigen Hirsches (d) entwickelt sich sehr langsam, es „baut“ dauernd nach oben an, **a b e r e i n e r i c h t i g e K r o n e** wird **n i c h t geschoben,** weil die **A n l a g e** dazu **m a n g e l t.** Die beim 9. Kopf zum erstenmal stärker auftretende Gabel senkt ihr vorderes Ende immer mehr nach unten, und wird als starkes Ende des 11. und 12. Kopfes zum **„Wolfssproß“.** Bei diesem Hirsch liegt der Schwerpunkt des Geweihaufbaues unten, zuletzt hat diese Kraft noch eine doppelte Augsprosse bilden wollen. Dieses Ende ist mit der Augsprosse verwachsen und liegt als dicke Leiste auf ihr.

Das Ziel des Hegeabschusses ist niemals Züchtung eines Einheitsgeweihes. Es muß daher bei Hirschen, wie sie in Reihe c und d dargestellt sind, dem ausübenden Jäger überlassen bleiben, ob er sie alt werden lassen will oder nicht.

Zu dem Thema **„Wolfssproß“** darf an dieser Stelle gesagt werden, daß dieses Ende sehr selten vorkommt. Eigentlich gehört der Wolfssproß zur Krone und ist als das einzelne Vorderende einer Krone zu bezeichnen.

Bei der Abwurfreihe d ist deutlich zu sehen, wie dies Ende vom 9. Kopf an sich immer mehr nach unten bewegt und beim 11. und 12. Kopf als „Wolfssproß“ angesprochen werden kann.

Das „Wolfssproß“ende soll als ein Abwehrende gegen den Wolf angesehen werden. In manchen Rotwildrevieren wird das hintere, weitausladende Ende einer Krone als „Wolfssproß“ angesprochen. Mit diesem Ende wehrt der Hirsch den angreifenden Wolf ab.

Ausdruck und Haltung des Hauptes beim gut veranlagten Hirsch vom 5. und 8. Kopf

Das **Geweih** des **5. Kopfes** (obere Reihe) zeigt **alle Voraussetzungen** für eine **gute Zukunft.** Bis auf die Kronenenden sind die einzelen Sprossen bereits gut entwickelt. Das Haupt ist schmal und jugendlich, das Gesicht neugierig im Ausdruck.

Beim 8. Kopf (untere Reihe) wird **alles stärker und ausgeprägter.** Die Stangen sind dicker, die Ender länger geworden. Die Kronen haben jetzt schon eine vollendete Form.

Soll man bei einem solchen Hirsch schon jetzt ans Schießen denken? **Nein!**

Denn er ist nicht nur Träger bester Erbanlage und deshalb für die Wildbahn unentbehrlich, sondern an Stelle des gut veranlagten Jünglings soll 6 Jahre später ein Kapitalhirsch die Strecke krönen.

Der gut veranlagte Hirsch, 5. und 8. Kopf

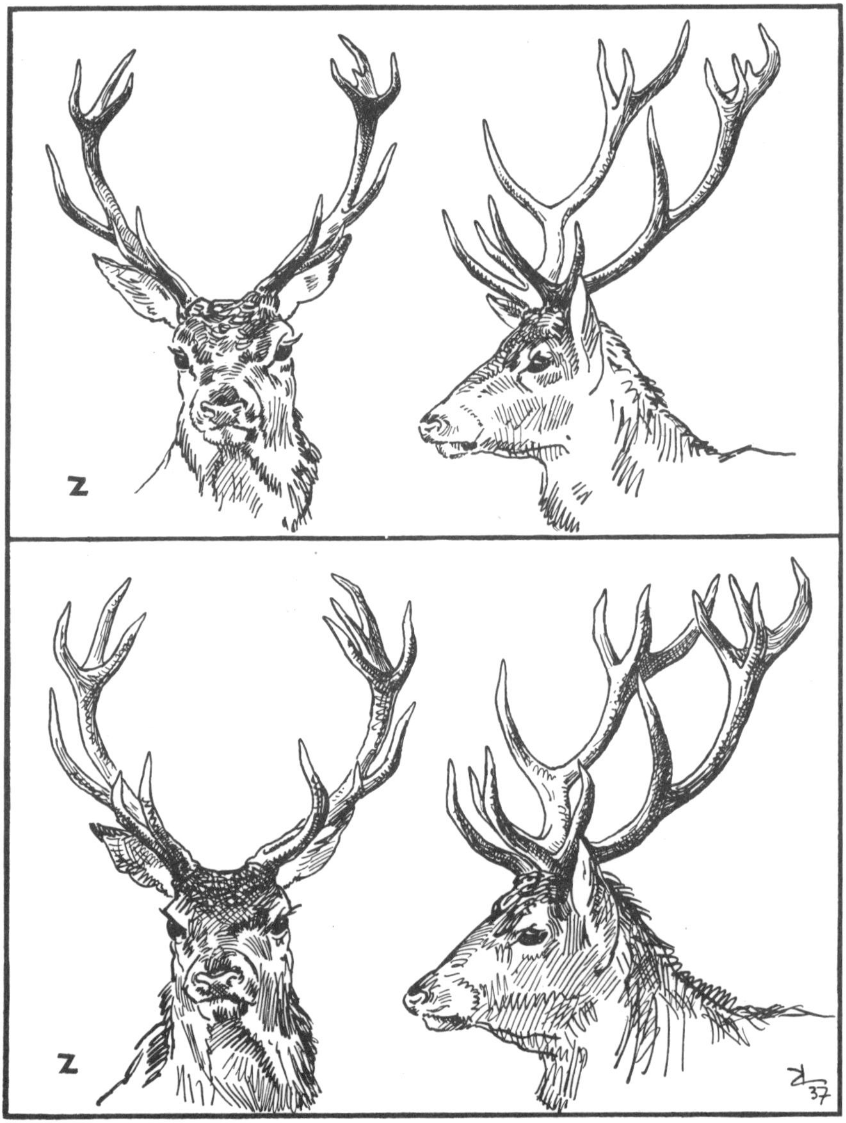

Das Warten auf das höchstmögliche Alter

eines wirklich kapital veranlagten Hirsches lohnt sich immer. Eine solche Trophäe vom 12. bis 14. Kopf an der Wand hängen zu haben, gleicht alle gebrachten Opfer aus und ist Ernte und Erfüllung höchster Wünsche!

Der Anblick eines wirklich starken, alten Geweihes ist für den Heger seiner Wildbahn ein Quell stolzer Freude und innerer Genugtuung. (Obere Reihe.)

Merkmale des Alters sind an den Stangen und Enden neben der Stärke und Länge vornehmlich stark profilierte Kanten und Rillen.

Der Abschußhirsch fällt dagegen sehr ab (untere Reihe).

Z

A

Das Ansprechen nach dem Körper

Oben:

Die **Merkmale** des **jungen 3- bis 4jährigen Hirsches** sind: schmales Haupt, schwacher Kragen, gerader Rücken, rundliche Körperform, entsprechendes Geweih. Seine Haltung ist zuschauend neugierig.

Mitte:

Die **Merkmale** des **7- bis 10jährigen Hirsches** sind: in der Haltung bewegt, gleichmäßig starker Körperbau. Das Geweih zeigt jetzt klar den Unterschied zwischen Zukunfts- und Abschußhirsch. Seine Haltung ist forsch und draufgängerisch.

Unten:

Die **Merkmale** des **alten Kapitalhirsches:** Körper nach hinten abfallend, Haupt und Kragen bilden eine fast einheitliche breite Masse, die Blätter sind besonders stark. Das Haupt sinkt unter der Wucht des Geweihes fast nach unten. In der Bewegung langsam und ruhig, im Benehmen sehr vorsichtig.

Der Hängebauch ist nicht nur eine Alterserscheinung; er kann auch Veranlagung sein. Er erscheint bereits bei Hirschen vom 6. Kopf.

Ansprechen nach Körperform und Benehmen

Ansprechübung 1

Oberes Bild: Futterplatz im Winter

Hirsche verschiedener Altersklassen und Veranlagungen sind der Futterstelle zugewechselt. Wir beobachten sie und sprechen sie der Reihe nach an:

1: 4–5jähriger Zukunftshirsch, quergestellte Vorderenden in der Krone. 2 a.
2: 5–6jähriger Zukunftshirsch, besonders gut. 2 a.
3: 5–6jähriger Abschußhirsch. 2 b.
4: 7–8jähriger Kronenhirsch zieht heran. 1 a.
5: 4–5jähriger Achter. Da in diesem Alter bessere Hirsche vorhanden sind, ist er abzuschießen. 2 b.
6: 2jähriger Gabler. 2 b. Abschießen!
7: 8–10jähriger ung. Zwölfer. 1 b.
8: Junger Zwölfer 2 a.
9: 4–5jähriger Sechser. 2 b.
10: Alter Achter. 2 b.
11: 7–8jähriger ung. Kronenzehner. 2 b. Schwache Stangen.
12: 12–14jähriger Vierzehnender. 1 a.
13: Guter Spießer, 1. Kopf. 2 a.
14: Schlechter Spießer, 1. Kopf. 2 b. Abschießen!
15: Spießer vom 2. Kopf. 2 b. Abschießen!

Unteres Bild: Feistzeit

Links: Vier junge Hirsche. Vorn zwei 4–5jährige gut veranlagte Hirsche. Dahinter ein zweifelhafter 7–8jähriger ung. Eiszehner und ein Zwölfer.

Rechts: Sitzend ein 4jähriger gut veranlagter ung. Zwölfer. Von rechts erscheint ein 6jähriger Abschußhirsch, im Hintergrund zieht ein alter zurückgesetzter Hirsch heran, nunmehr 2 b oder 1 b, je nach Stärke.

Ansprechübung 1

Zeit: Winter

Feiste

Brunft

Der Vier- und Fünfsprosser

So nannte Fritz Bley die beiden gut zu unterscheidenden Geweihtypen bei unserem Edelhirsch.

Der Fünfsprosser, der sich nicht nur im Geweihaufbau, sondern auch im Körperbau vom Viersprosser unterscheidet, kam schon in vorgeschichtlicher Zeit neben dem Viersprosser in Europa vor. Siehe die Geweihe der norddeutschen fossilen Funde auf der Abbildung. Geweihform: quer = aus der Leine bei Northeim, längs = aus einem westfälischen Bodenfund.

Unter A und B sind die Körper- und Geweihbeschaffenheiten beschrieben. Diese beiden Formen kommen in allen Rotwildgebieten vor.

Beim **Viersprosser** unterscheiden wir folgende Kronengrundformen:

1. Die quergestellte Gabel,
2. die quergestellte dreiendige Krone,
3. die quergestellte Viererkrone,
4. die abgestufte Krone, vorn eine sitzende und hinten eine gestielte Quergabel,
5. die quergestellte Doppelgabelkrone.

Bei den Kronen 2–4 können mehr oder weniger stark ausgebildete Becher vorkommen.

Beim **Fünfsprosser** unterscheiden wir folgende Kronengrundformen:

1. Die dreiendige Krone mit **schräggestellter** Hintergabel,
2. die dreiendige Krone, bei der die drei Enden schon fast in der vertikalen Ebene stehen,
3. die **vertikal** gestellte Gabel des ewigen Achters und Eiszehners,
4. die **streng vertikal** gestellten Kronenenden des Maraltyps,
5. das Einende des ewigen Sechsers.

Wir haben es dabei mit bestimmten Veranlagungen zu tun. Die Kronen können natürlich auch mehr als drei Enden haben.

	A 4 Spr.	B 5 Spr.
Körperbeschaffenheit:	Kurzer gedrungener Hirsch mit kurzen, kräftigen Läufen. Decke dunkelrot oder braun.	Langer Hirsch mit langen sehnigen Läufen. Decke grau oder gelblich bis hellrot.
Geweih:	Bei breiter u. Uförmiger Auslage, kurze, kräftige Stangen mit quer gestellten Kronenenden.	Langes, oft engstehendes Geweih, manchmal mit sehr weiter Auslage, lange Enden. Auseinandergezogene Krone mit längs nach hinten gericht. Enden.
Geweihtyp:	**VIERSPROSSER** **EDELTYP** cervus elaphus L. 	**FÜNFSPROSSER** **MARAL + WAPITITYP** c. el. asiaticus + canadensis. 
Die vorkommend. Grundformen der Kronen.	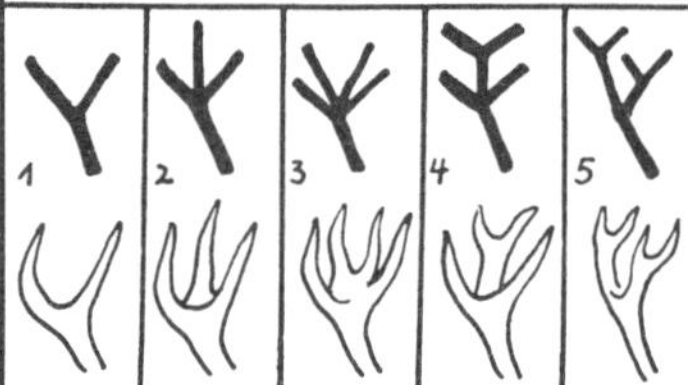	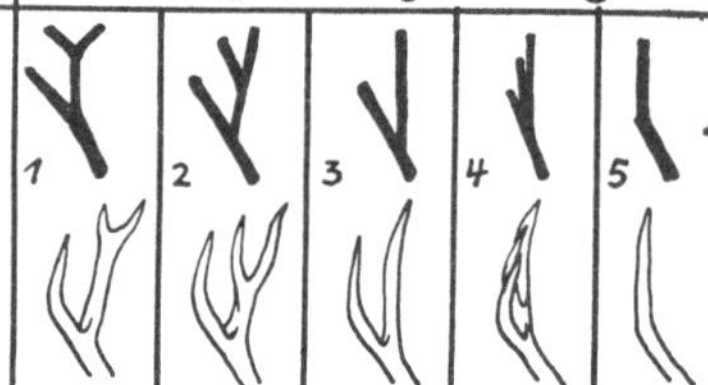
Geweih-FORM:	**Quer** gestellte Krone 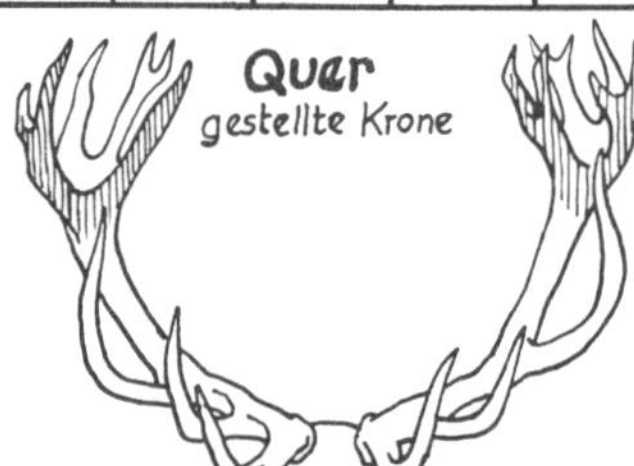	**Längs** gestellte Krone 
	BECHERKRONEN-GEWEIHFORM	LEITERGEWEIH-FORM
Kronen-Beispiele:	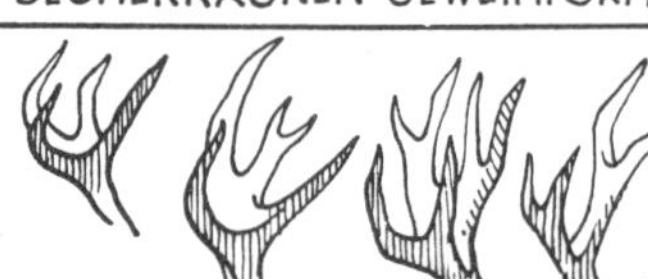	

Die verschiedenen Geweihformen

Die Geweih**form** ist – von Abnormitäten abgesehen – **erst an letzter Stelle Wertmaßstab beim Ansprechen** des Hirsches. Sie ist aber besonders **kennzeichnendes Merkmal für den Einzelhirsch** und seine **Wiedererkennung im nächsten Jahr.**

Alle Rothirschgeweihe lassen sich auf **3 Grundformen** zurückführen:

I. Die runde und kräftige U-Form, mit geschlossener, breitgestellter Kronenbildung, starken Enden, voll ausgebildeter Eissprosse; Neigung zu gegabelter Mittelsprosse.

II. Die V-Form mit fast geraden Stangen, langen, hintereinander stehenden Enden in der Krone.

III. Die herzförmig geschwungene Form mit Neigung zur Schaufelbildung in der Krone. Die Enden sind schwungvoll gebogen. Die bekannten Hand- oder Schaufelkronen.

Da sich die 3 Typen stets mischen (mendeln), kommt die reine Form selten vor. Da die Anteile jeder der 3 Typen beim Einzelgeweih stets verschieden sind, entstehen so die vielen Geweihformen mit den so mannigfaltigen Kronenbildungen.

Ein aufmerksamer Jäger wird beobachten, daß außer Geweihform und Körperbau auch **die Losung** ein gewisses Ansprechmerkmal darstellt.

Man findet nämlich **dicke, längliche** und **herzförmige Losung** des Rothirsches. Innerhalb der Losung eines Hirsches oder Tieres lassen sich alle drei auf der Zeichnung dargestellten Formen in verschiedenen, prozentualen Anteilen finden*). Man kann also an Hand der Losung gewisse Schlüsse auf die Körperbeschaffenheit eines Hirsches – von dem wir zunächst auf einem Pirschgang nur dessen Losung kennenlernen – und auf die Grundform des Geweihaufbaues dieses Hirsches ziehen. Die Gesamtbezeichnung: Ernährung, Bewegung und Empfindung, hat sich durch sorgfältige Beobachtung aus dem Benehmen des Wildes ergeben.

Natürlich bilden sich in abgegrenzten Revieren bestimmte Geweihtypen heraus – die Grundformen sind jedoch immer wieder die gleichen, gleichgültig, ob die Geweihe in der Eifel, im Harz, in Schlesien, Rumänien oder in Ungarn gewachsen sind.

Die Beispiele stammen aus: A = Sachsen (Erzgebirge), B = Fulda-Bergland (Altmorschen), C = Reinhardswald, D = Rothaargebirge, E = Schlesien, F = Schorfheide.

---

*) Diese Feststellung machte zuerst Herr Georg Hause †, Kassel. Beobachtungen ergaben, daß Zusammenhänge zwischen Losung und Körperbau (Geweihform) und zwischen Körperbau und Charakter (Benehmen) bestehen.

	I	II	III
DIE 3 GRUNDFORMEN DER GEWEIHE		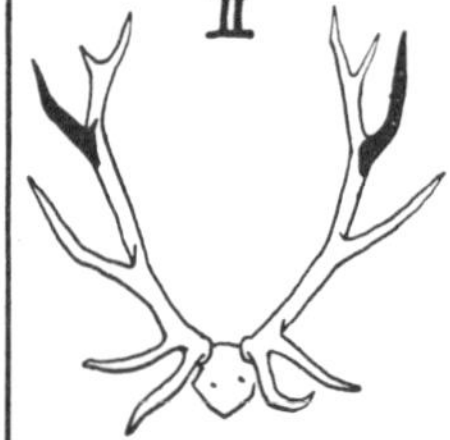	
	U	V	 *
FORM der LOSUNG: *nach Georg Hause	 dick, rund oder walzenförmig.	 länglich	 Klein u. herzförmig
Perlung: *	breit. rundlich stark	Schmal und länglich	Klein u. prickelig.
GESAMTBEZEICHNUNG *	Ernährungstyp	Bewegungstyp	Empfindungstyp
Kronenform:	BECHER	LEITER	SCHAUFEL oder HAND
STELLUNG der ENDEN:			
	Quer gestellte Krone. Die Enden sind <u>nach oben</u> gerichtet	Längs gestellte Krone. Die Enden sind in einer Ebene <u>nach hinten</u> ausgerichtet.	Schräg gest. Krone. Die Enden sind stark <u>nach innen eingebogen</u>, Schaufelartig verbunden.
BEISPIELE:			
BENEHMEN: *	HEIMLICH u. BEQUEM, RUHIG.	DRAUFGÄNGERISCH MAL HIER, MAL DORT.	VORSICHTIG, ÜBERLEGEN SCHNEIDIG

Ansprechübung 2

Oberes Bild:

Wie alt ist der **Platzhirsch,** der bei dem Rudel steht? Ist er ein Abschuß- oder Zukunftshirsch?

Der **Platzhirsch** ist **alt** (Haltung, Ausdruck) und zeigt **keine Kronen**veranlagung. Er ist **abschußnotwendig.** Dabei steht ein guter Spießer vom 1. Kopf.

Unteres Bild:

Ein Rudel Hirsche zieht über eine Blöße.

1: 5–6jähriger guter Zwölfer. 2a. (Z).
2: 7–8jähriger ung. Zwölfer. 1a. (Z).
3: 3–4jähriger ung. Kronenzehner. 2a. (Z).
4: Sechser. 2b. (A).
5: Vierzehnender. 1a. (Z).
6: Älterer ung. Zehner. 1b. (A).

Ansprechübung 2

Beispiele von Geweihen abschußnotwendiger Hirsche

Merkmale

Geweih A: **Alter Sechser** mit dicken Stangen.

Geweih B: **Sehr alter Hirsch** mit sehr stark verkümmerter Krone und dünnen Stangen. **Müßte längst erlegt sein.**

Geweih C: **Alter Kronenzehner,** sehr schwache Kronen.

Geweih D: **Sehr alter Zwölfer.** Unschöne Stellung der Stangen und Enden.

Geweih E: **Kronenzehner.** Keine Fähigkeit, gute und lange Kronenenden zu schieben.

Geweih F: **Ung. Kronenzehner,** lange, zu dünne Stangen und Enden.

Geweih G: **Ung. Zwölfer** mit kümmernden Kronenenden links nur angedeutet.

Geweih H: **Ung. Zwölfer** mit teils langen, teils angedeuteten kleinen Enden.

Bei diesen Geweihen liegt der Schwerpunkt der Entwicklung in der **unteren** Hälfte, die Geweihe sind unschön und gehören in jedem Fall zu den Abschußhirschen.

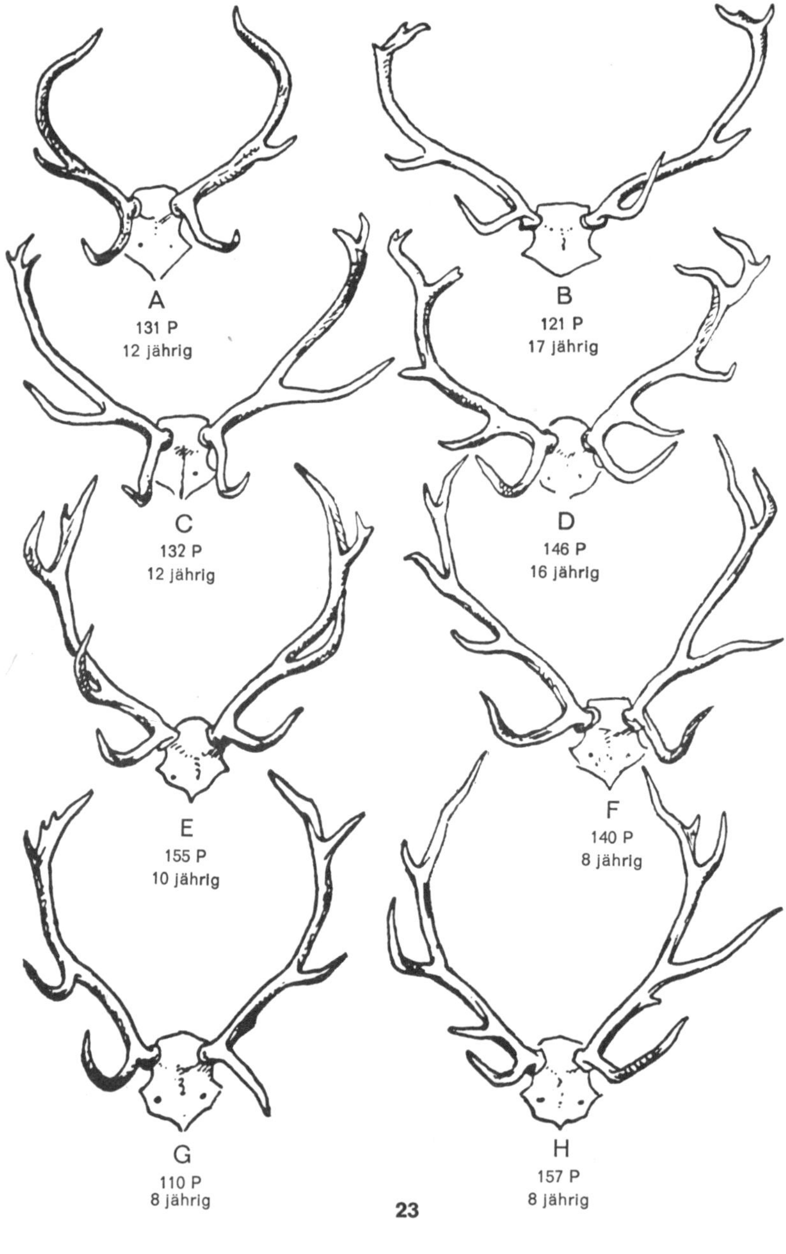
A
131 P
12 jährig
B
121 P
17 jährig
C
132 P
12 jährig
D
146 P
16 jährig
E
155 P
10 jährig
F
140 P
8 jährig
G
110 P
8 jährig
H
157 P
8 jährig

Die Abwurfserien

Die Angleichungen bei den Kronenformen

Bei den dargestellten vier Abwurfserien ist zu beobachten, daß die **rechte Krone** allmählich die **Form der linken Krone annimmt.**

Die Kronenform der linken Stange beeinflußt also gleichsam **den Kronenaufbau der rechten Stange.**

Die Abwurfserie A von dem Rominter Hirsch „Cäsar“ zeigt beim 7. Kopf rechts eine Becherkrone und links eine abgestufte Krone. Beim 16. Kopf hat auch die rechte Stange eine abgestufte bzw. eine Doppelgabelkrone!

Der Reinhardswald-Hirsch D zeigt an seiner Abwurfreihe dasselbe Prinzip einfacher und klarer.

Bei B hat sich die Aufbautendenz der linken Krone (abgestufte Krone mit angedeutetem Becher) im Laufe der Entwicklung beim 11. Kopf auch auf der rechten Stange durchgesetzt.

Das gleiche gilt hier für C. Der 7. Kopf zeigt rechts am klarsten eine **quergeteilte Becherkrone** und eine **abgestufte, etwas schräg gestellte Krone** links. Beim 11. Kopf ist auch die rechte Krone abgestuft und schräg gestellt wie bei links!

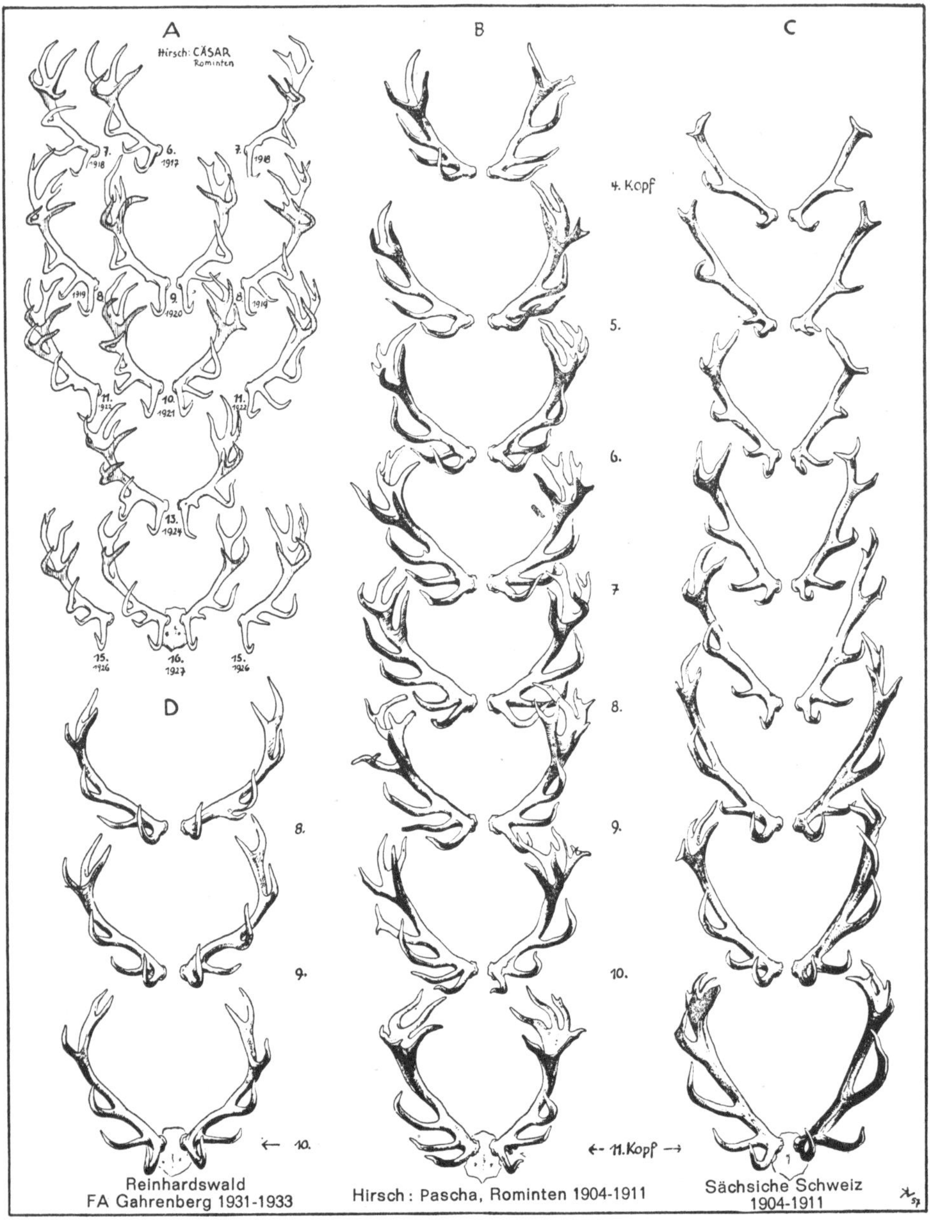

A
Hirsch: CÄSAR
Rominten
B
C
4. Kopf
5.
6.
7
8.
9.
10.
← 11. Kopf →
D
8.
9.
← 10.
Reinhardswald
FA Gahrenberg 1931-1933
Hirsch: Pascha, Rominten 1904-1911
Sächsiche Schweiz
1904-1911

Ist Blutauffrischung vorteilhaft?

Unter Voraussetzung günstiger Verhältnisse ist **Blutauffrischung dann vorteilhaft,** wenn die Gewähr gegeben ist, daß das betreffende einzuführende Stück aus **einem anerkannt guten Zuchtgatter** ist.

Die drei starken Geweihe A, B, C zeigen die gute Qualität deutscher Hirsche: A fossiler Fund, B Mitteldeutschland, C Ostpreußen.

Die besondere Stärke der Geweihe aus dem Donauraum ist bedingt durch die Standortsverhältnisse und nicht durch bessere Erbmasse.

Die erste Stange links in der Reihe D und E zeigt eine Ungarstange und rechts daneben zwei ähnliche deutsche Stangen gleicher Erbanlage.

F zeigt die gute Kronenwirkung eines westdeutschen Hirsches.

Wie viele Versuche zeigten, hat sich aus Ungarn eingeführtes Rotwild schnell den bisherigen Verhältnissen angepaßt, aber die Geweihstärke wurde nicht verbessert!

Die Qualität unseres bodenständigen Rotwildes wird allein durch zielbewußte Hege gehoben!

Wie steht es mit der Blutauffrischung?

Die Achterfrage

Starke ältere Achter sind stets Abschußhirsche! Gut veranlagte Achter gibt es **nur** beim **2. bis 3. Kopf,** beim 4. Kopf bereits sind die **gut Veranlagten Kronenhirsche.** Gut veranlagte Achter sind auch aus dem Grunde seltener, weil der gut veranlagte Hirsch sehr oft die Achterstufe überspringt und gleich eine Krone andeutet.

Die **guten jungen Achter** haben ihr **Schwergewicht** in der **oberen Stangenhälfte.** Bei den **schlechten Achtern** ist es **umgekehrt.**

Gute Eissprossenachter müssen **oben** eine **Verdickung** zeigen und **wohlausgebildete untere Enden** geschoben haben, siehe obere Reihe dritter Kopf ganz rechts.

Die verschiedenen Achter unter A sind ausnahmslos sofort auszumerzen!

Viele Jäger und „Kenner" treten neuerdings mit der Ansicht auf, von vorn gesehen quergestellte Achtergabeln seien ein Zeichen für schlecht veranlagte Hirsche. Das ist natürlich Unsinn. Ob Achter quer oder längs gestellte Gabelenden tragen **und älteren Datums sind,** so sind sie schlecht veranlagt. Junge Achter jedoch, mit von vorn gesehen quergestellten Gabeln deuten, wie beschrieben, gute Veranlagung an.

Die Achterfrage

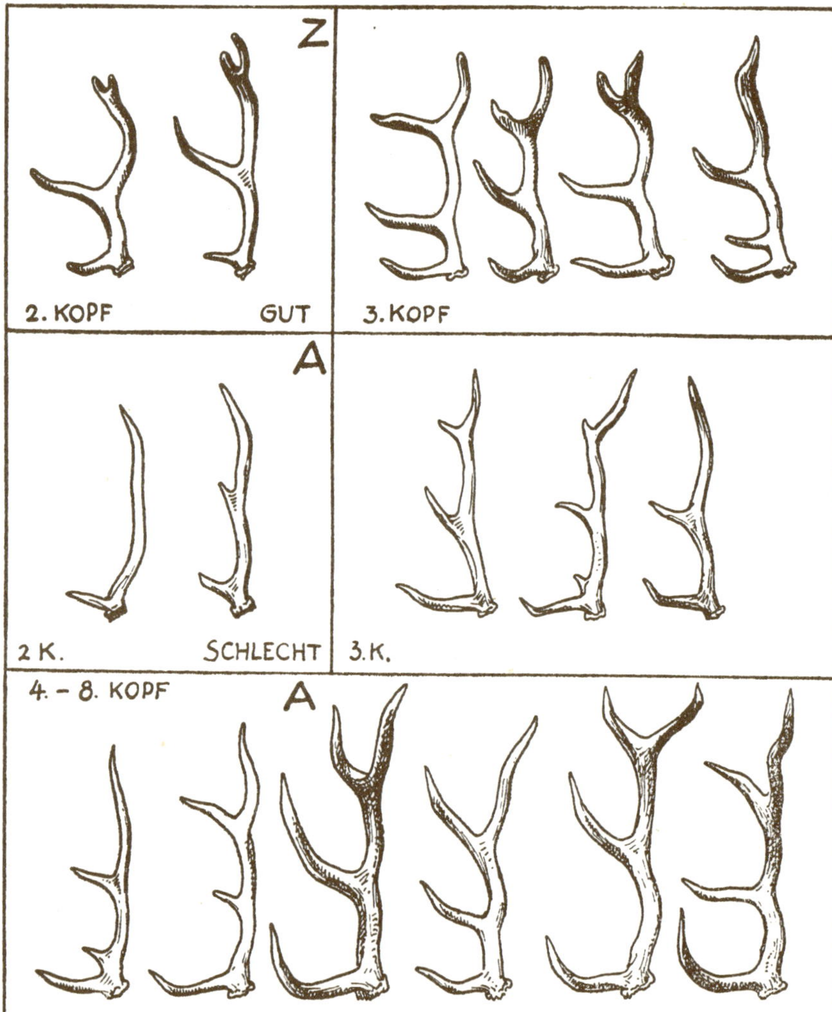

Vom Sechser oder Eis-Achter zum Kronenhirsch
Die Eissprossenzehner

Junge Sechser oder Eissprossenachter mit **Verdickung im oberen Stangenteil** sind **Zukunftshirsche.** Diese Verdickungen zeigen oft schon in jungen Altersklassen Abflachungen, die nach außen gerichtet sind. Diese abgeflachten Vertiefungen in sonst rundlichen Verdickungen bei jungen Sechsern oder Achtern deuten zukünftige Schaufel- oder Handkronen an. Die Stangen und Enden selbst sind gut entwickelt, rundlich und sehr oft dunkel. Vgl. besonders die Entwicklung in Reihe 3 vom Eissprossenachter zum Kronenhirsch.

Für die **Eissprossenzehner** gilt dasselbe. Vgl. in Reihe II den Eissprossenzehner vom 3. Kopf (Z) und vom 4. Kopf (A).

Tritt in den jüngsten Altersklassen die Eissprosse vor der Krone auf, so ist dies **kein** Abschußgrund. Im Gegenteil! **Diese Hirsche sind zu beobachten und zu schonen!** Tritt die Eissprosse jedoch erst bei älteren Hirschen auf, ohne daß sich eine bessere Krone entwickelt hat, **so gehören diese Hirsche in die Abschußklasse.**

Die **Stangen** der jungen **Zukunftshirsche** kann man sich, von der Seite gesehen, in einem **Rechteck** vorstellen.

Die **Stangen** der jungen und alten **abschußnotwendigen** Hirsche bilden im Aufbau meist ein **Dreieck.**

Vom Sechser oder Eisachter zum Kronenhirsch!

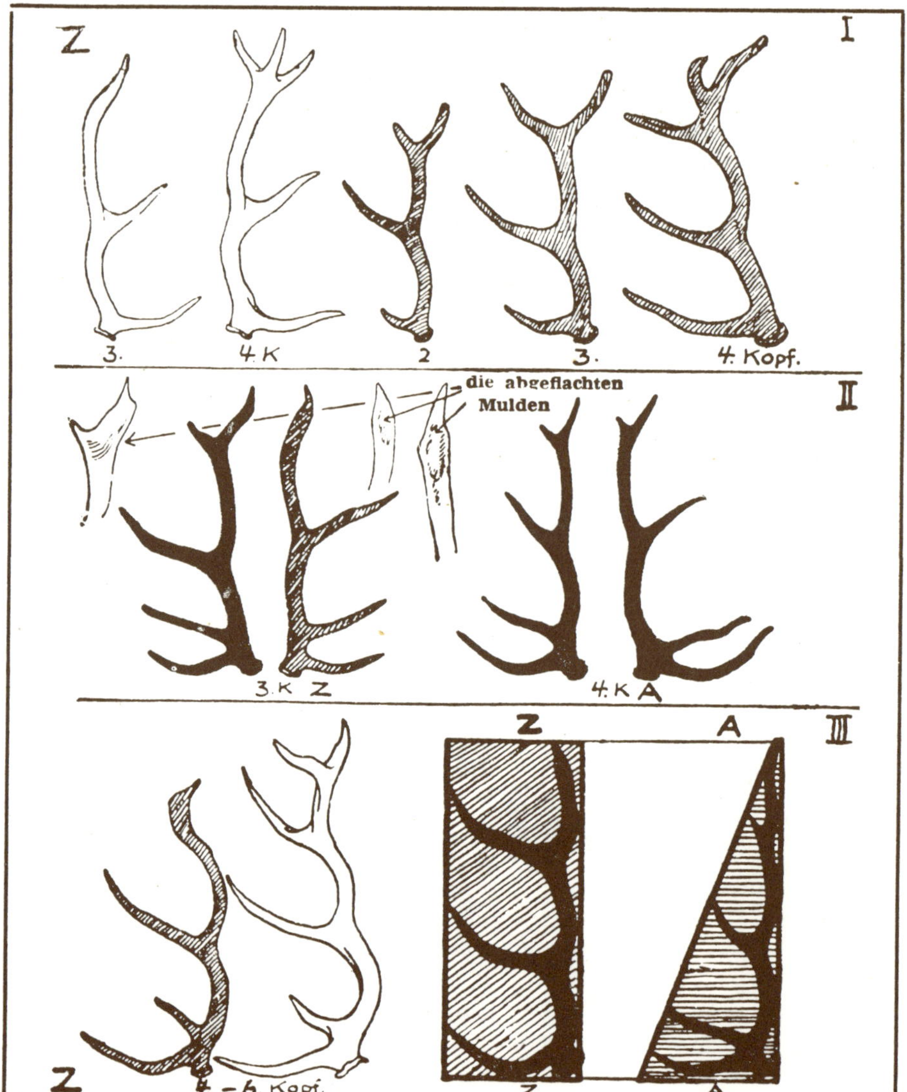

Unterschiede schlechter und guter Kronenveranlagung

Die Zeichnung weist kurz auf den **Unterschied** zwischen **schlechter** und **guter Kronenbildung** hin.

Bei den Geweihen mit schlechter Kronenbildung ist es nicht nur die Krone, sondern auch der Stangenaufbau, der, im ganzen gesehen, einen dürftigen Eindruck macht. Die harmonische Stangen- und Kronenbildung der guten Geweihe geht ohne weiteres aus den Abbildungen hervor.

Da beim **Aufbau der Krone** ihr **hinterer Teil stärker** als **der vordere** zu **verzweigender Endeinteilung** eingestellt zu sein scheint, kann man den hinteren Kronenteil als vorherrschend und den vorderen als beherrscht bezeichnen.

Beim Aufbau des Geweihes ist es daher für die Veranlagung der Kronenbildung ausschlaggebend, ob **im ersten Aufbaustadium** der vordere oder der hintere Teil der Krone stärker entwickelt ist. Wenn der beobachtende Jäger feststellt, daß der vordere Kronenteil bei jungen Hirschen recht kräftig ist oder mit mehr als einem Ende hervortritt, so kann er damit rechnen, daß der sowieso als vorherrschend zu wertende, aber sich erst später entwickelnde hintere Kronenteil ebenfalls **gut** wird, er es also mit einer guten Kronenveranlagung zu tun hat. Tritt jedoch der vordere Teil der Krone nur mit einem schwächeren Ende in Erscheinung, so wird im allgemeinen keine starke und vielendige Krone zu erwarten sein; besonders dann nicht, wenn **bei schlechter Veranlagung** die vorherrschende Kraft des hinteren Kronenteils nur in einem **sehr langen und starken Hinterende** zum Ausdruck kommt. Dies ist sehr oft bei **den ewigen Achtern** und **Eissprossenzehnern** zu beobachten. Bei besserer Veranlagung jedoch bildet der lange hintere Kronenteil weitere Enden aus, die entweder stark auseinandergezogen oder unregelmäßig abgestuft hinter oder über dem vorderen Einzel- oder Doppelende stehen.

Unterschiede schlechter und guter Kronenveranlagung

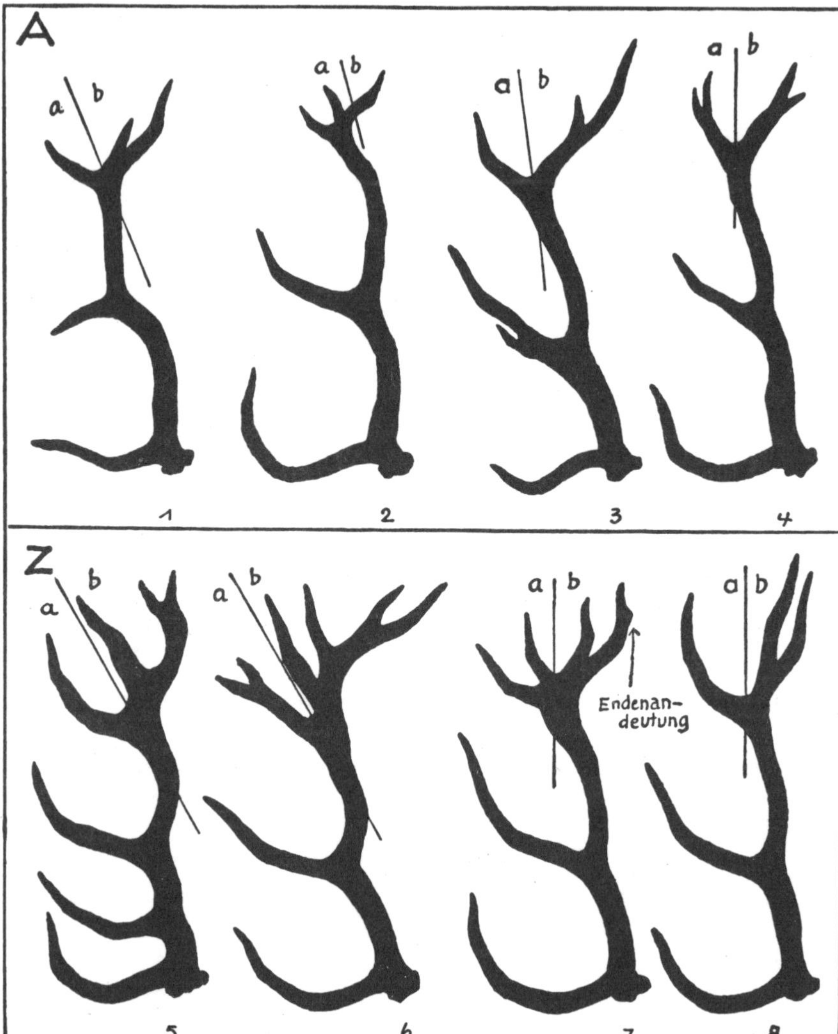

Beispiele schlechter Kronenbildungen

Es gibt **Geweihe,** die so **mangelhafte Kronenbildung** aufweisen, daß ihre Träger für die Nachzucht **entbehrlich** sind.

Denn wir wollen Kronenbildungen, die sich in die Breite entfalten.

An folgenden Beispielen wird nochmals verdeutlicht, welchen **Gesamteindruck** eine **schlechte Kronenbildung** macht.

a) Dieser **alte Hirsch** hätte gut früher zur Strecke kommen können, weil die **Kronenenden,** von vorn gesehen, einzeln **hintereinander stehen** und dieser Hirsch daher **keinen züchterischen Wert** hat.

b) **Die Kronenenden** sind bei diesem Geweih im Verhältnis zum Unterbau **viel zu dünn und spitz.** Es bestehen **keine Entwicklungsmöglichkeiten nach oben.**

c) Vielfach finden sich die **kurzen, angedeuteten Kronenenden** bei **älteren Hirschen.** Diese sind **nicht in der Lage, lange Kronenenden** zu schieben.

d) **Unschöne Geweihform** und **schlechte Kronenenden** stempeln den Träger eines solchen Geweihes zu einem für die Wildbahn **entbehrlichen Hirsch.**

Vier Beispiele schlechter Kronenbildungen

a) Fuldabergland
b) Hohes Sauerland
c) Waldeck
d) Weserbergland

Abgebrochen oder abnorm?

Mitunter beobachtet man einen Hirsch mit einem halben Geweih oder mit einer verkürzten Stange.

Vor Abschuß ist **festzustellen:**

Ist die **Stange nur abgebrochen,** also im nächsten Jahr **wieder vollwertig** vorhanden,

oder

handelt es sich um **Abnormität infolge Verletzung,**

oder

liegt **erbbedingter Mangel** vor?

Abschußnotwendigkeit

besteht nur in den beiden letzten Fällen (Beispiel 4 und 5). Denn hier ist **Einstangigkeit** durch **schwere Verletzung** entstanden (4) oder **ererbt** (5). Dagegen zeigen 1 bis 3 Geweihe mit **abgebrochenen** Stangen. Starke Hirsche mit Stangenbruch werden leicht geforkelt und sind daher besonders zu beobachten.

Abgebrochen oder abnorm?

Drei kapitale Geweihe aus Deutschland

I. Der ungerade Zwanzigender „Raufbold“, erlegt während der Brunft 1936 in Rominten, erhielt auf der I. J. A. Berlin 1937 zwei 1. Preise. Geweihgewicht 8 kg, 210,3 Punkte nach der Bewertung der I.J. A. Berlin 1937. Alter etwa 10- bis 12jährig.

Dieses Geweih stellt in seinem harmonischen Aufbau wohl das edelste dar, was wir an Rothirschgeweihen kennen. Ausgeglichen in Form und Stärke, wurde dieser Hirsch auf der Höhe seiner Kraft zur Strecke gebracht.

II. Ein Zwölfender aus dem Eggegebirge bei Scherfede i.W. Dieser Hirsch galt als einer der besten Zukunftshirsche der dortigen Reviere und wurde trotz Abschußverbots geschossen, wodurch der dortigen Aufbauarbeit durch die Unverantwortlichkeit eines Jägers ein nur sehr schwer wieder einzuholender Verlust zugefügt wurde. Vergleiche die Aufbauform seiner Kronen Tafel 31 unten, 1. und 2. und als Vergleich die Krone eines dortigen Geweihes von 1680.

III. Dieser ungerade Sechzehnender wurde 1931 im Hellenthaler Wald der nördlichen Eifel zur Strecke gebracht.

Alter: etwa 10jährig, Geweihgewicht 5,3 kg, 172,7 Nadlerpunkte, 181,7 Punkte nach Berliner Bewertung 1937. Diese beiden Geweihe (II und III) geben Zeugnis davon, daß auch im Westen Deutschlands die Hirsche in der Lage sind, sehr starke Geweihe zu schieben. Diese beiden Hirsche hätten nur **noch älter** werden müssen.

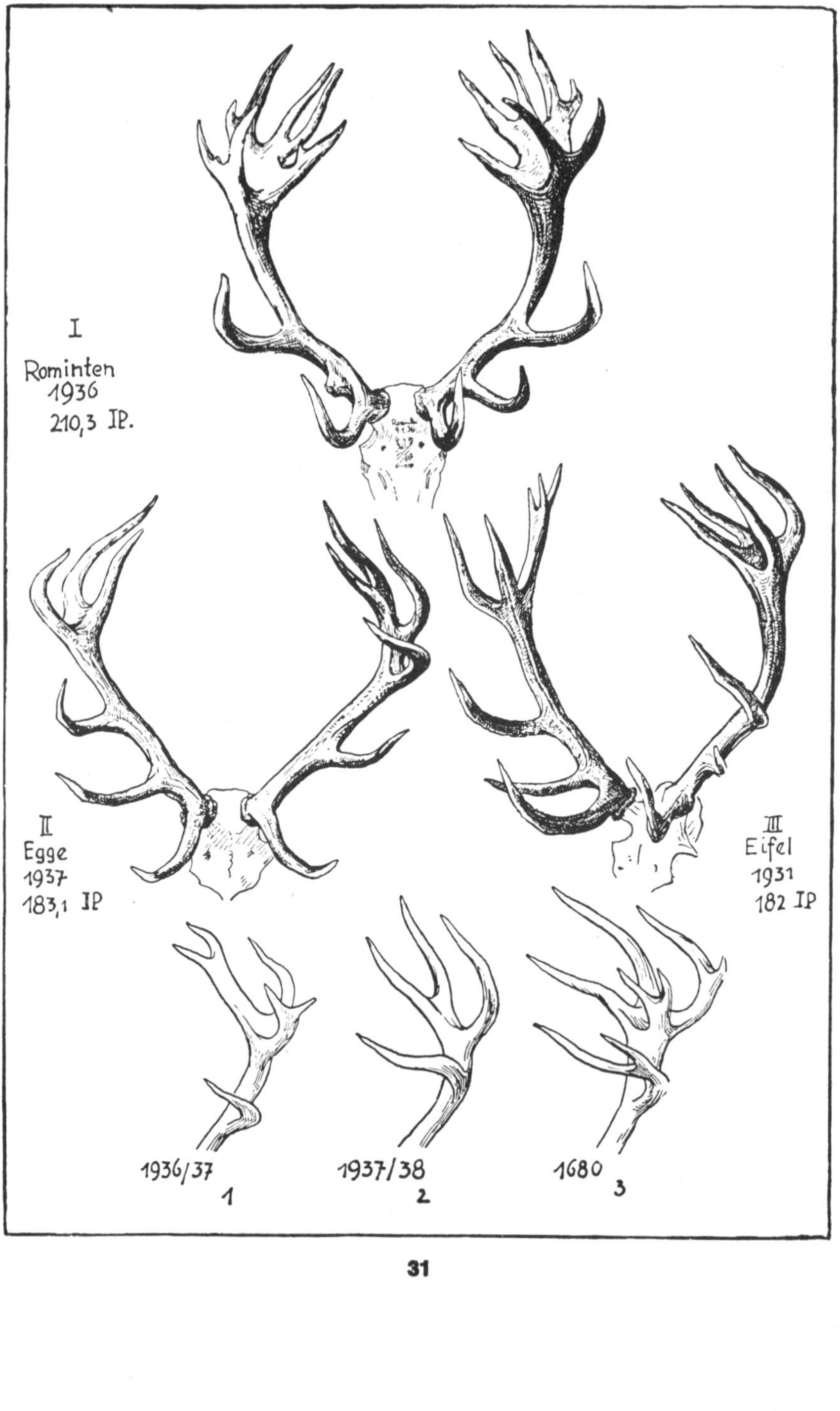
I
Rominten
1936
210,3 IP.
II
Egge
1937
183,1 IP
III
Eifel
1931
182 IP
1936/37
1
1937/38
2
1680
3

Vier starke Geweihe aus dem Donauraum

Diese vier starken Trophäen zeugen von der unverminderten und gleichbleibenden Qualität der dortigen Rotwildbestände, die durch die zielbewußte hegerische Verwaltung dieser Reviere erreicht werden!

Vier starke Geweihe aus dem Donauraum

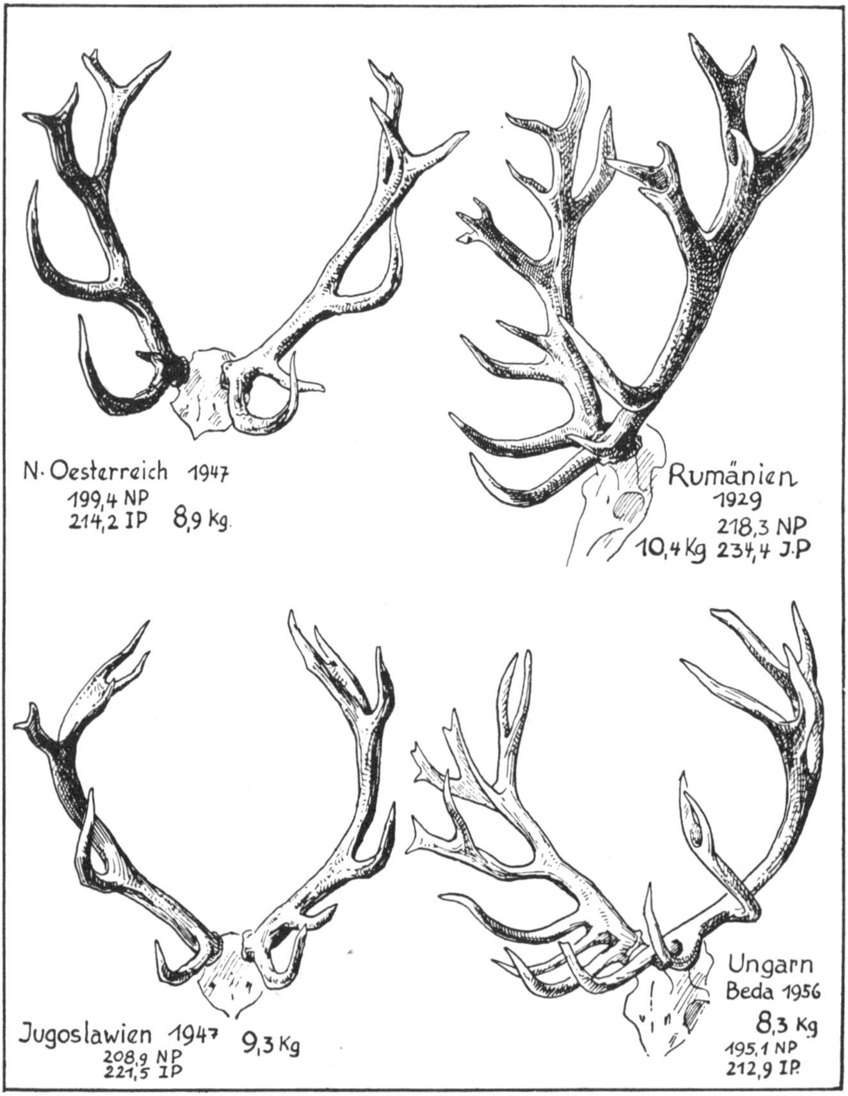

Nur der alte Hirsch trägt ein kapitales Geweih

Diese Tafel 33 zeigt jeweils Abwürfe des gleichen Hirsches.

Einmal in der Jugend: In dieser Zeit muß der Jäger über Abschuß oder Altwerdenlassen entscheiden, und die Entscheidung ist in dieser Zeit (3. bis 5. Kopf) oft schwer.

Einmal im Alter: In dieser Zeit ist die Krone erst voll entwickelt, eine Entscheidung ist nicht mehr nötig.

Erst der kann Heger seines Rotwildbestandes sein, der die richtige Entscheidung in der Jugend des Hirsches zu treffen in der Lage ist.

Der Hirsch, dessen Stangen vom 4. und 9. Kopf auf der Tafel links unten gezeichnet sind, wurde mit dem 14. Kopf als Zwanzigender bei 15 Pfund Geweihgewicht im September 1941 im Arnsberger Wald von Kreisjägermeister H. J. Cosack, Wildshausen, gestreckt. **Das Warten auf das höchstmögliche Alter lohnt sich stets.**

Die beiden Abwürfe oben stammen aus dem Reinhardswald. Die Hirsche wurden vor dem Kriege auf der Höhe ihrer Entwicklung zur Strecke gebracht, ebenso die Hirsche unten aus westfälischen Revieren.

Das kapitale Geweih des alten Hirsches

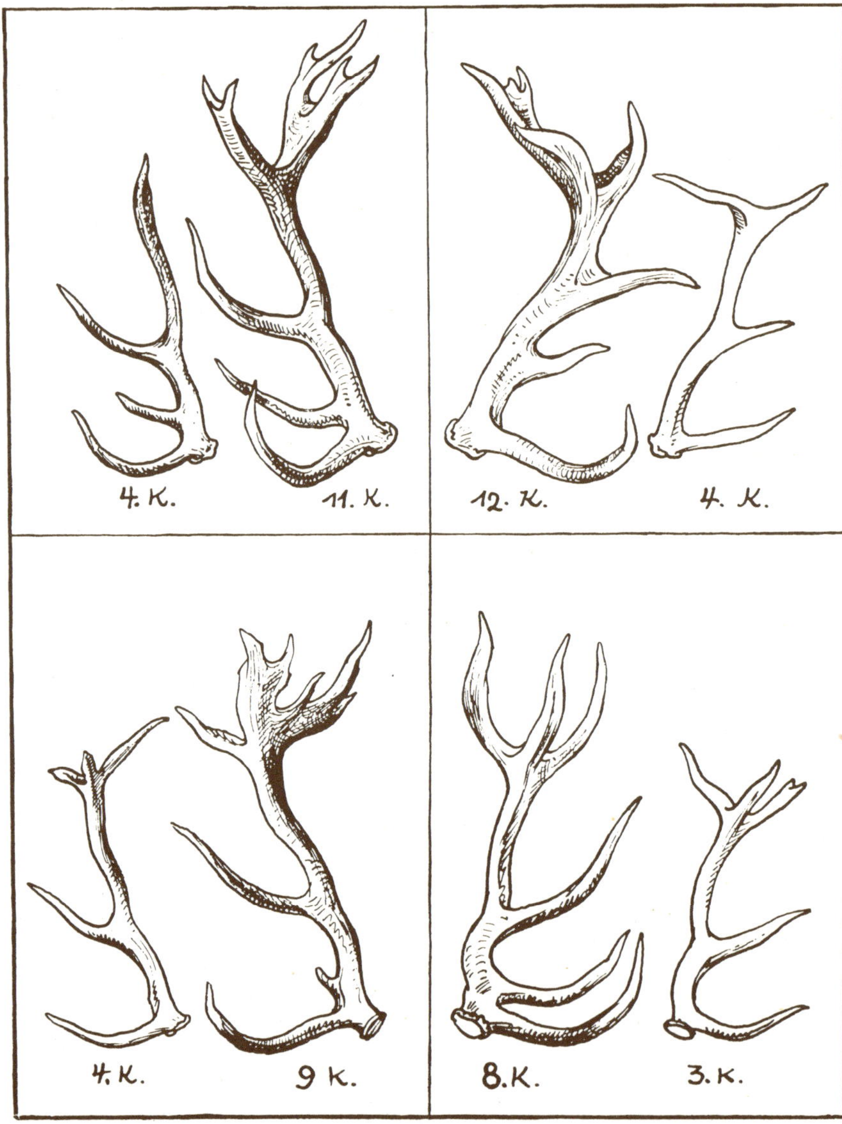

Der Altersknick im unteren Teil der Stange

Geweihe von sehr alten Hirschen zeigen mitunter einen **deutlichen Knick (a) der Stange dort,** wo die Augsprosse und manchmal auch Aug- und Eissprosse zusammen sitzen. A gehörte einem sehr alten Hirsch aus dem Reinhardswalde an, A' sein vorjähriger Abwurf. Dieser Abwurf zeigte noch nichts vom Altersknick des kommenden Jahres, wohl aber eine Mulde (b), die man bisweilen bei sehr alten Hirschen an dieser Stelle ihres Geweihes findet.

Andere Beispiele: B Geweih aus Kurland,

C aus den Karpaten,

D aus der Sammlung Erbach, Süddeutschland,

E aus Ostpreußen.

Der Altersknick

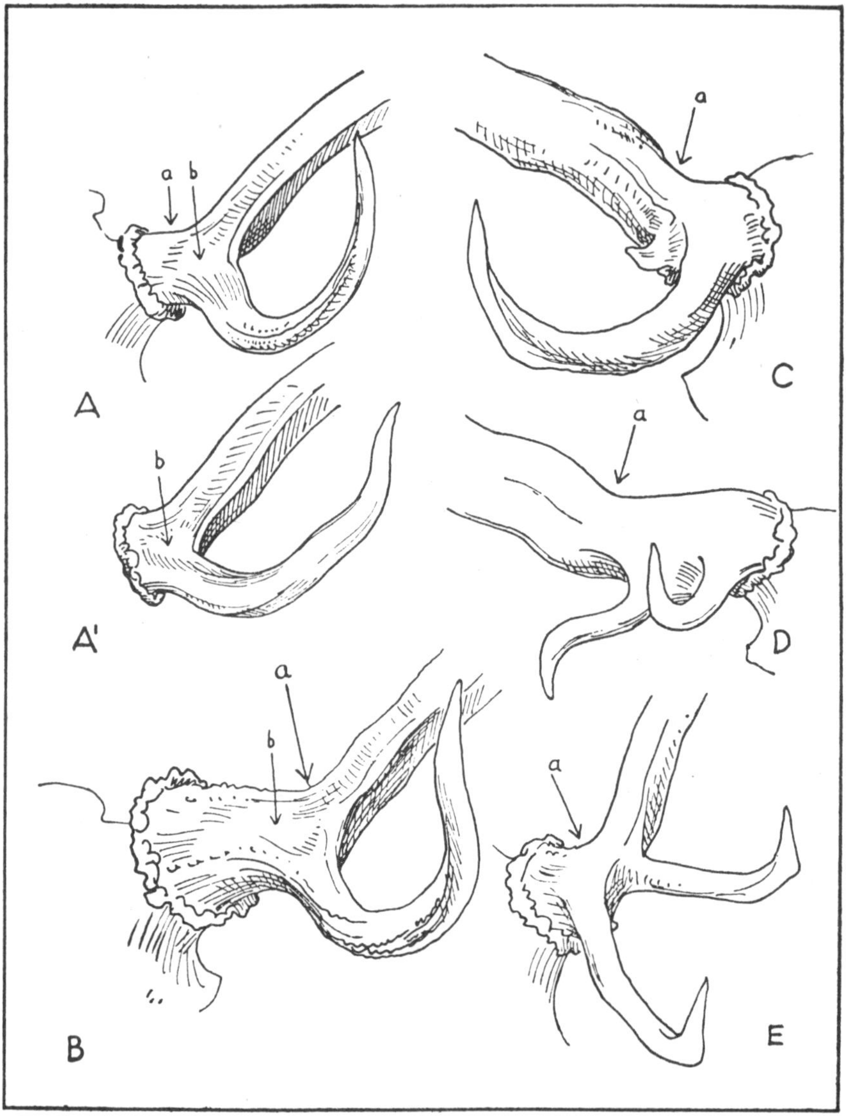

Abwurfserie vom 1. bis 18. Kopf

Diese Abwurfserie eines Harzhirsches aus den Jahren 1895–1912 vom Forsthaus Molkenhaus ist wegen ihrer Vollständigkeit besonders lehrreich!

Schon beim 1. Kopf zeigt der längere linke Spieß die in den folgenden Jahren beibehaltene Länge und Stärke der linken Stange. Auch hier zeigt die Veranlagung links einen dominierenden Einfluß. Die auffallende Länge der Mittelsprosse beim 2. Kopf kehrt beim 16. Kopf wieder.

Die Gleichschaltung ist beim 11. Kopf erreicht und der Stärkehöhepunkt beim 13. Kopf.

Der Altersknick ist beim 17. Kopf vollkommen.

Das Zurücksetzen setzt beim 17. Kopf links stark ein, während das Zurücksetzen der rechten Stange langsamer vor sich geht.

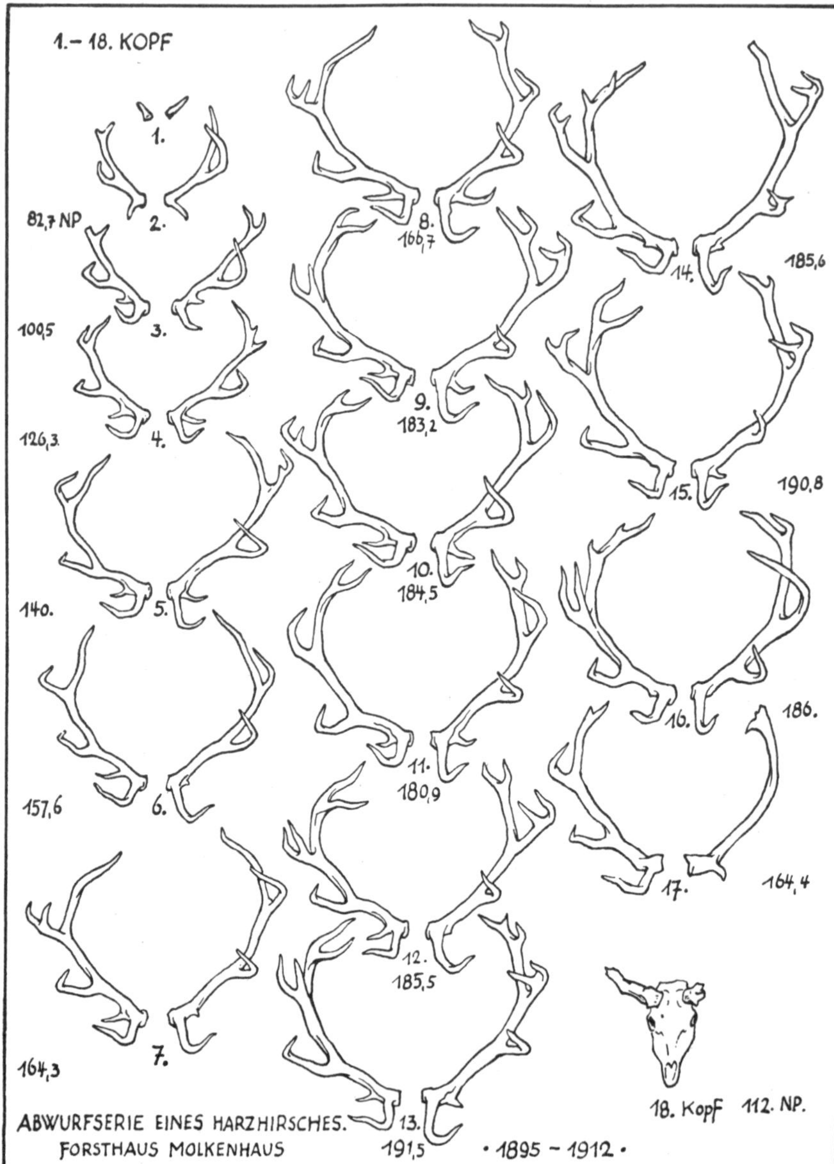
1.– 18. KOPF
1.
2.
82,7 NP
3.
100,5
4.
126,3
5.
140.
6.
157,6
7.
164,3
8.
166,7
9.
183,2
10.
184,5
11.
180,9
12.
185,5
13.
191,5
14.
185,6
15.
190,8
16.
186.
17.
164,4
18. Kopf
112. NP.
ABWURFSERIE EINES HARZHIRSCHES.
FORSTHAUS MOLKENHAUS
· 1895 – 1912 ·

6 Hirsch

Die Jahresentwicklung des Geweihes

Es ist notwendig, vor allem dem jungen und noch unerfahrenen Jäger einmal die Entwicklung und den Aufbau eines starken Geweihes während seiner Kolbenzeit von Anfang März bis Mitte Juli vor Augen zu führen.

Der Hirsch wirft sein Geweih Anfang März bis Ende April ab, je nach Alter. Die alten Hirsche werfen zuerst ab. Dann schiebt er das neue Geweih von März bis Juli und fegt von Mitte Juli bis Anfang August, je nach Alter.

Die Spießer vom 1. Kopf fegen meist erst im September.

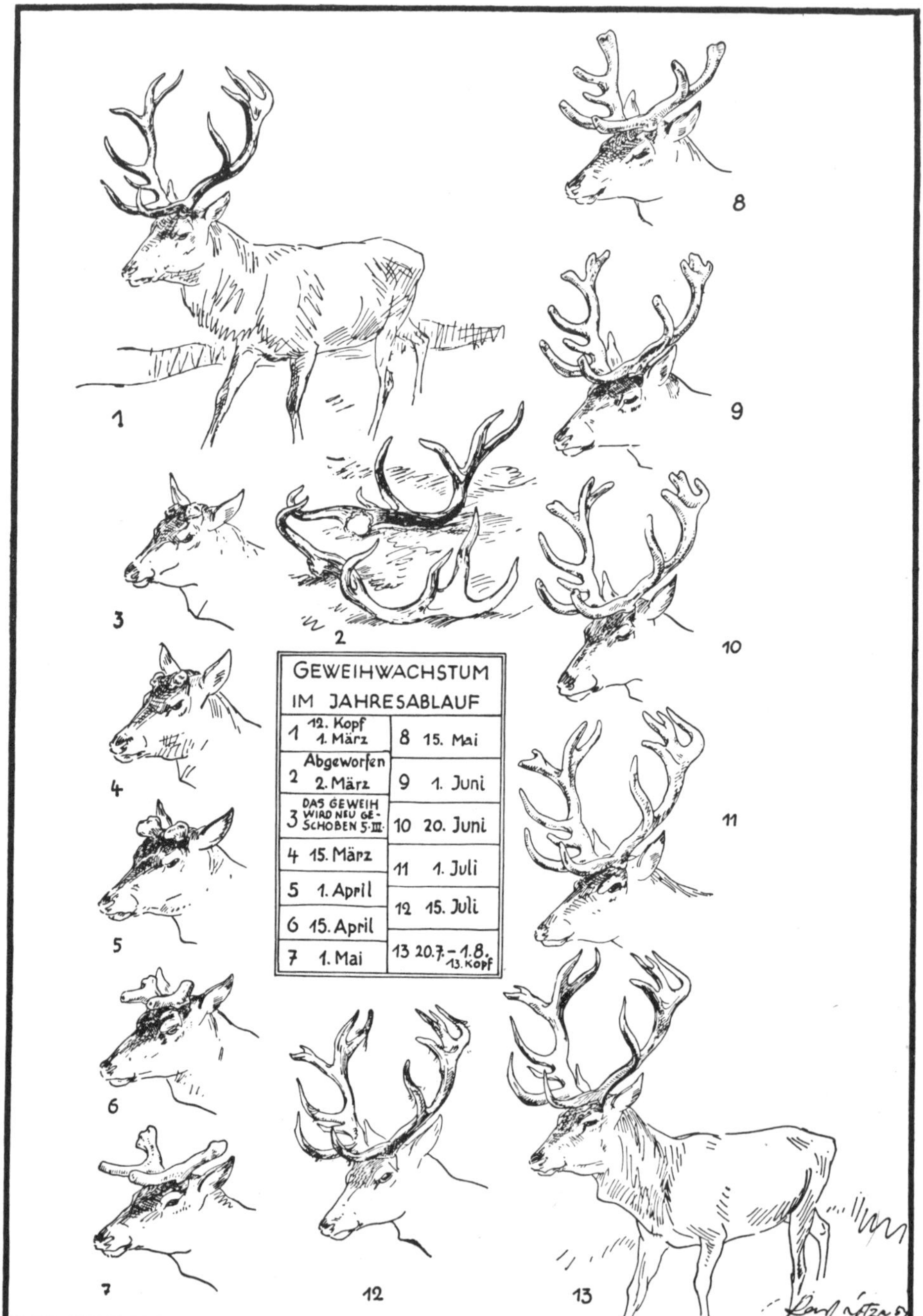

GEWEIHWACHSTUM IM JAHRESABLAUF

1	12. Kopf 1. März	8	15. Mai
2	Abgeworfen 2. März	9	1. Juni
3	DAS GEWEIH WIRD NEU GESCHOBEN 5. III.	10	20. Juni
4	15. März	11	1. Juli
5	1. April	12	15. Juli
6	15. April	13	20.7.–1.8. 13. Kopf
7	1. Mai		

Die platten Schaufelkronen

Der **historische 66ender aus der Moritzburg (A), von dem behauptet wird,** seine **abnorme Kronenbildung** sei **künstlich herbeigeführt, ist,** wie die folgenden Beispiele zeigen, **eine natürliche Bildung und Veranlagung!**

Diese extreme Schaufelbildung tritt nämlich sporadisch in den verschiedensten Rotwildrevieren auf.

B, C, D: Geweihe aus süddeutschen Revieren.

E: Geweih aus Kranichstein, dessen linke Stange keine Schaufelbildung zeigt.

F: Abwürfe aus einem westdeutschen Revier. Sie beweisen die Veranlagung eines Hirsches mit solch einer Kronenbildung, die nicht künstlich herbeigeführt ist.

F': Die beiden Kronen dieses Geweihes.

Auch in der Schorfheide und in Rominten wurden diese Kronenbildungen festgestellt.

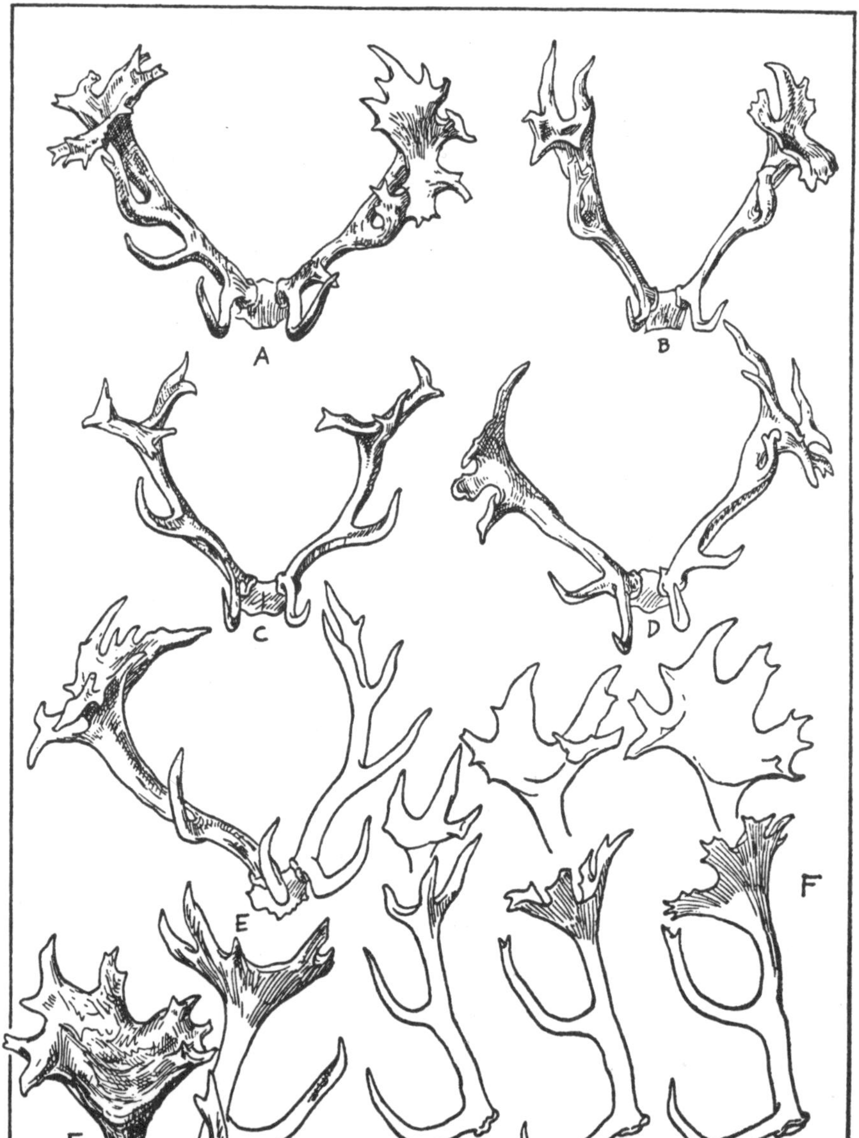
A
B
C
D
E
F
F
1
2
3

Das richtige Abmessen eines Geweihes und seine Bewertung

Wegen der mancherlei Unklarheiten betreff **Messen** und **Bewerten des Rothirschgeweihes** sind hier die richtigen Angaben zusammengestellt.

Die Tafel 38 erläutert die Handhabungen beim Messen.

L = **Stangenlänge.** Gemessen wird mit fest angedrücktem, schmalem Bandmaß vom **unteren Rosenrand** seitlich außen ohne Eindrücken des Meßbandes im Winkel oberhalb der Rosen, an der Außenseite der Stange entlang bis zur Spitze des obersten beziehungsweise längsten Kronenendes. Mittel beider Messungen × 0,5 = Punktzahl.

E 1 = **Augsprosse.** Gemessen wird mit fest angedrücktem Bandmaß an der Unterseite des Endes vom Ursprung über der Rose bis zur Spitze des Endes – bei geteilter oder gegabelter Augsprosse bis zur Spitze des längsten Endes. Bei hoch angesetztem Ende wird das Stangenstück nicht mitgemessen. Mittel beider Messungen × 0,25 = Punktzahl.

E 3 = **Mittelsprosse.** Dieses Ende wird außen herum gemessen vom Ursprung der Venenabzweigung (in der Mitte der Stange) ab bis zur Spitze des Endes, bei Gabelung bis zum Ende des längsten Gabelendes. Mittel × 0,25 = Punktzahl.

RU = **Rosenumfang.** Gemessen wird mit sorgfältig angedrücktem Bandmaß auf der Perlung um die Rose herum unter Überspannung etwaiger Einbuchtungen. Mittel beider Rosen in cm, je 1 cm = 1 Punkt.

StU I und II = **Stangenumfang.** I unterhalb und II oberhalb der Mittelsprosse. Bei I wird ohne Rücksicht auf die Eissprosse unterhalb der Mittelsprosse an der **dünnsten** Stelle der Stange, bei II oberhalb der Mittelsprosse ebenfalls an der **dünnsten** Stelle der Stange über der Mittelsprosse gemessen mit fest angedrücktem Meßband. Alles, was sich an Enden über der Mittelsprosse befindet, ist als zur Krone gehörig zu betrachten. Jede Messung in Zentimeter, je 1 cm = 1 Punkt.

Gg = **Geweihgewicht in Kilogramm,** wird auf ein Zehntel genau festgestellt mit ausgetrocknetem normalem Schädel. Bei normaler Kappung (ohne Schild) mit schmaler Nase gelten 0,5 kg des Bruttogewichtes als je 1 Punkt. Bei kurz gekapp-

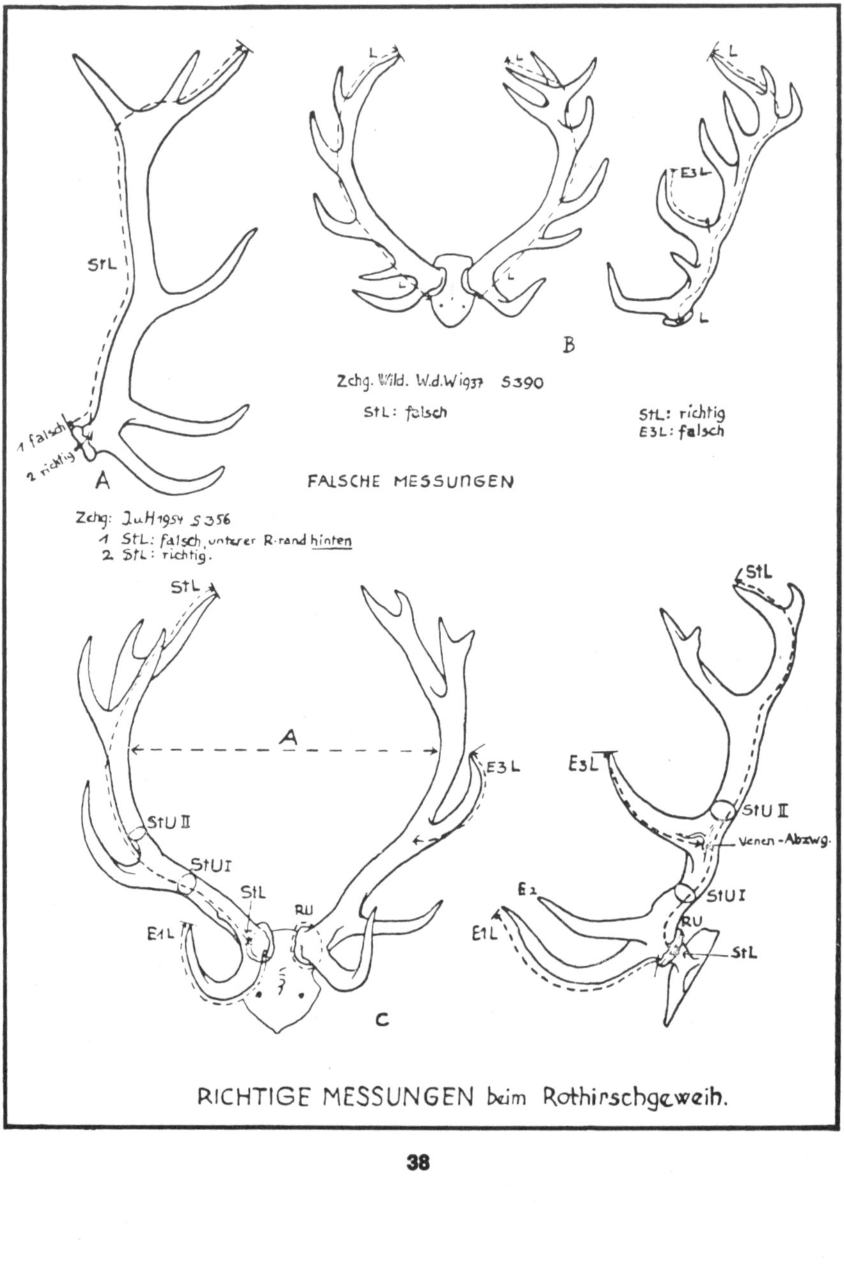

RICHTIGE MESSUNGEN beim Rothirschgeweih.

tem Schädel ohne Nase kann nach Schätzung eine Zugabe bis auf 10 g erfolgen. Bei ungekapptem Schädel mit Oberkiefer, aber ohne Unterkiefer werden bis zu 0,7 kg in Abzug gebracht.

Gewicht in Kilogramm – Abzug oder + Zugabe 2 = Punktzahl.

A = **Auslage.** Weitester Abstand innerhalb der beiden Stangen, in Zentimeter ausschließlich Stangenstärke.

Die mit 100 multiplizierte A dividiert durch die L ergibt den gesuchten Prozentsatz.

Beträgt die Auslage weniger als 60 % der Stangenlänge, so sind unter A = 0 Punkte einzusetzen,

für 60–70 % = 1 Punkt,

für über 70–80 % = 2 Punkte,

für über 80 % = 3 Punkte.

Die nachfolgenden **Schönheitspunkte** sind auf 0,5 Punkte genau zu schätzen.

E 2 = **Eissprosse.** Gemessen wird wie bei der Augsprosse. Fehlend

oder nur angedeutet = 0 Punkte,

nur eine Eissprosse oder zwei mittlere = 1 Punkt,

zwei normale Eissprossen = 2 Punkte.

F = **Farbe.** Hellgelb, gelbgrau oder künstlich

gefärbt = 0 Punkte,

grau oder mittelbraun = 0,5–1 Punkt,

dunkelbraun bis schwarz = 1,5–2 Punkte.

P = **Perlung.** Glatt oder nur schwache Perlen = 0 Punkte,

normale Perlung = 1 Punkt,

starke Perlung = 2 Punkte.

Die Bewertung der Kronen nach Punkten

Für die Bewertung der Kronen nach Punkten wurden bei der alten Nadlerformel 4, bei der internationalen Madrider Formel 10 und bei der neuen Nadlerformel 6 Punkte eingesetzt.

Auf der Tafel 39 habe ich **6 Punkte für die Bewertung von Kronen gewählt.**

Es sind hier in sechs Reihen untereinander verschieden starke Kronen nach Punkten bewertet nebeneinnader gezeichnet.

In der **oberen Reihe 1** finden wir die **Bewertungen für 1 Punkt.** Hier sehen wir die schwächsten Kronen mit etwa drei mehr oder weniger starken Enden, die nicht sehr lang und an denen manchmal noch ein bis zwei kurze Nebenenden sitzen.

In der **zweiten Reihe** sind die Enden schon länger und kräftiger. Die Kronen machen einen im ganzen stärkeren Eindruck. Hierfür können **2 Punkte** eingesetzt werden.

Bei **3 Punkten** sind die Kronen ausgeprägter. Drei bis vier Hauptenden bilden die Grundlage, die Nebenenden werden zahlreicher. Die Krone ganz rechts in dieser Reihe stammt vom Geweih eines sehr, sehr alten Hirsches. Sie ist sehr stark zurückgesetzt und hat stumpfe und verkümmerte Enden.

In der **vierten Reihe** sehen wir Kronen mit vier bis fünf Hauptenden, die mehr oder weniger starke Nebenenden haben. In dieser Gruppe sind die Kronenenden besonders stark und kräftig anzusprechen, sie sind jedoch im Verhältnis zu den beiden nächsten Bewertungsgruppen **noch nicht sehr lang.**

Bei einer Bewertung der Kronen **mit 5 Punkten** sollten mehr als vier gute, starke und lange Enden vorhanden sein. Sie müssen Nebenenden haben, die zum Teil eine gewisse Länge aufweisen sollten. Im Gegensatz zur Reihe 4 machen **die Kronen in der 5. Reihe** einen **volleren** und **kapitaleren Eindruck,** während wir in der **Reihe 6 hochkapitale breite Kronen** mit **5–6 und mehr starken und langen Enden und einigen Nebenenden** haben.

Wenn in den oberen Reihen sechs bis sieben verschiedene Kronen Platz haben, so finden in den Reihen 5 und 6 nur fünf und drei Kronen Platz. Diese räumliche Ausbreitung einer Krone ist schon ein Maßstab für ihre Stärke. Allerdings müßten die weit nach hinten ausladenden Kronen des Maral- oder Wapitityps mit nur

Die Beurteilung von Geweihkronen

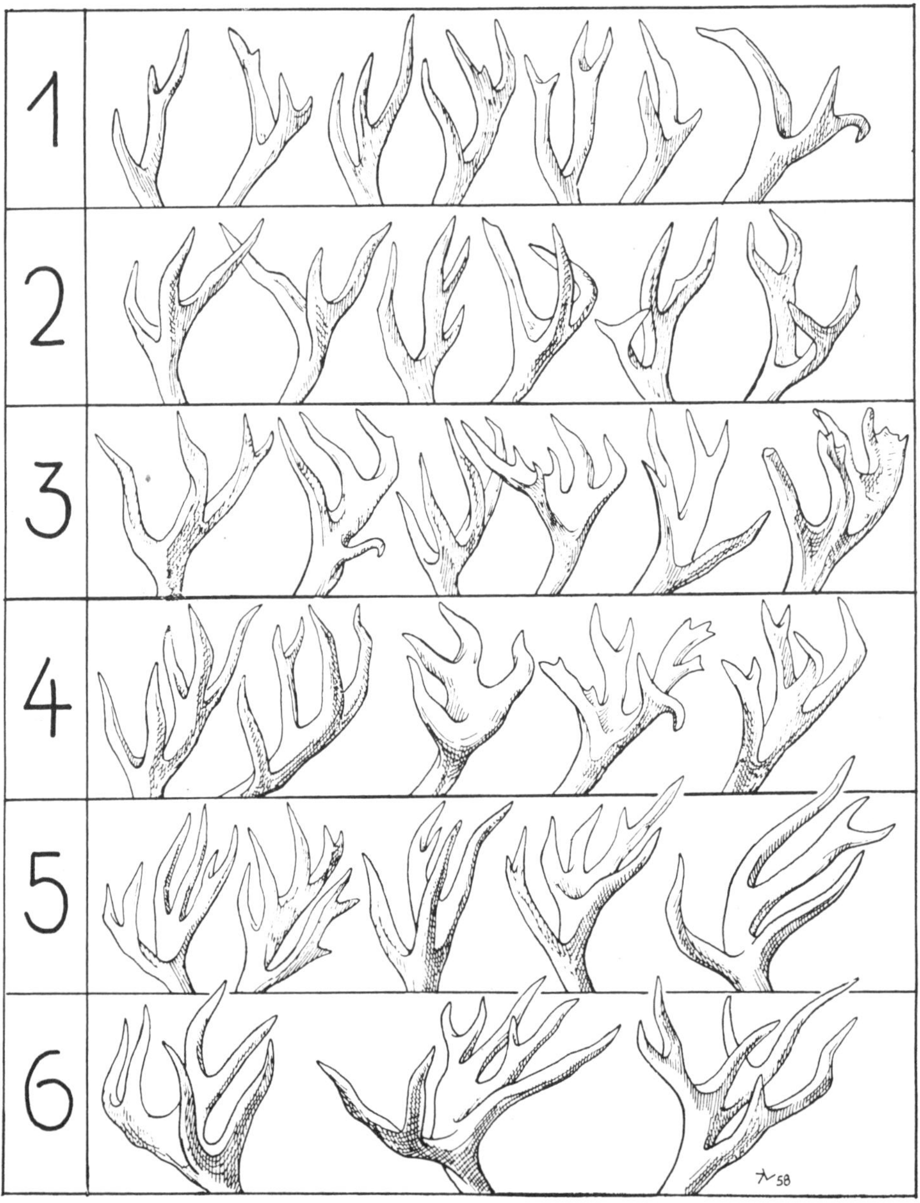

einzeln hintereinander gereihten Enden hiervon ausgeschlossen bleiben.

Diese Bewertungen sind für den ganzen europäischen Raum gedacht.

Geweihe aus Rotwildgebieten, in denen solche starken Kronen, wie sie hier zum Teil angegeben sind, nicht vorkommen, müssen entsprechend eingestuft werden.

Man muß immer davon ausgehen, welches die **bestmögliche** und **stärkste Krone** in dem jeweiligen **Rotwildgebiet** oder auf der jeweiligen **Jagdausstellung** ist, um eine entsprechend **gerechte Beurteilung der Trophäen** vornehmen zu können. Es empfiehlt sich bei der Vornahme von Bewertungen diese Tafel 39 zum Vergleich zur Hand zu haben!

Möge diese Aufstellung für die Bewertungskommissionen die **Beurteilung der Kronen nach Punkten** erleichtern!

K = Krone. Bei der alten Nadlerformel = 1– 4 Punkte,
bei der neuen Nadlerformel = 1– 6 Punkte,
bei der internationalen Formel = 1–10 Punkte.

Kronenbewertung nach der internationalen (Madrider) Formel.

1. Einfache Krone mit zusammen 5 bis 7 kurzen und schwachen Enden . . . . = 0,5– 1,5 Punkte,
2. Einfache Krone mit zusammen 5 bis 7 längeren und stärkeren Enden . . . = 2,0– 3,5 Punkte,
3. Einfache Krone mit zusammen 6 bis 7 langen und starken Enden oder Doppel- bzw. verzweigter Krone mit zusammen 8–9 kurzen und schwachen Enden . . . . = 4,0– 5,5 Punkte,
4. Doppel- bzw. verzweigte Krone mit zusammen 8–9 längeren und stärkeren Enden . . . . = 6,0– 7,5 Punkte,
5. Starke Hand- oder becherförmige Krone mit langen und kräftigen, zusammen mindestens 10 Enden . . . . = 8,0–10 Punkte.

Sp-E = Spitzen der Enden.
Stumpf oder morsch = 0 Punkte,
Spitz und dunkel = 1 Punkt,
Spitz und weiß = 2 Punkte.

Abzüge. Je nach Schätzung können für abnorm geringe oder sehr weite Auslagen oder für größere Ebenmäßigkeitsfehler, für abgebrochene oder künstlich angesetzte Enden zusammen 0,5–3 Punkte in Abzug gebracht werden.

H = **Sehnenhöhe.** Die Höhe des Geweihes ist für die Bewertung kein Maß, jedoch für maßstabgerechtes Zeichnen wertvoll. Gemessen wird vom untersten Rosenrand unter der Augsprosse bis zur höchsten Endenspitze in gerader Linie.

Über „die formelmäßige Bewertung des Rothirschgeweihes" ist in der Fachpresse und auf Tagungen viel geschrieben und diskutiert worden.

In meinem Aufsatz darüber in der Deutschen Jägerzeitung Nr. 9 vom 1. August 1957 komme ich zu dem Schluß:

Bei der Nadlerformel, wie sie erstmalig von Dir. Herbert Nadler (Budapest) vor 30 Jahren entwickelt wurde, gibt es **keine Bewertung der Mittel- und Eissprosse.** Seine Kronenbewertung begnügte sich mit 4 Punkten. Die neue in Budapest aufgestellte Nadlerformel hat 6 Punkte für die Krone aufgestellt. Die seit Berlin 1937 anerkannte internationale Formel hatte für die Kronenbewertung 10 Punkte eingesetzt.

Diese Heraufsetzung der Kronenbewertung von 4 auf 10 Punkte hat jede Vergleichsmöglichkeit zwischen ehemaligen und späteren Vermessungen der Trophäen außerordentlich erschwert, zumal ja die Bewertungen der Eis- und Mittelsprossen noch dazukamen.

Es wäre am besten, wenn man sich im Interesse der Vergleichsmöglichkeiten international auf 4–6 Kronenpunkte einigte.

Wir müssen bestrebt sein, eine einfache und für den Vergleich **klare und übersichtliche Rothirschgeweih-Bewertungsformel** zu besitzen. Dafür bietet **die alte Nadlerformel** die beste Grundlage!

Auf der Tafel 40 ist an Hand der Bewertung des Rominter Geweihs „Matador" die Nadlerformel und die Internationale Formel vergleichsweise nebeneinandergestellt.

Eine vergleichende Bewertung des Geweihes „Matador" Rominten zwischen der Nadler- und der Madrider Formel

Die Bewertung dieses Geweihes – es befindet sich jetzt im Staatsmuseum München und wurde 1942 von Hermann Göring in Rominten (Ostpreußen) erbeutet – veranschaulicht die Unterschiede zwischen den obengenannten Formeln am besten.

Bei der Madrider Bewertung erhält dies Geweih allein durch die langen Mittelsprossen 13,3 Punkte und durch die Höherbewertung der Kronen noch 5 Punkte mehr als bei der Nadlerformel. Durch dieses Heraufschrauben der Punktzahlen wurde ein Vergleich mit früheren Bewertungen unmöglich gemacht.

Unverständlich erscheint es jedoch, daß bei der Bewertung in Düsseldorf 1954 dieses Geweih für seine beiden guten Eissprossen nur 1,5 anstatt 2 Punkte erhielt, auch für Farbe und Perlung wäre eine bessere Bewertung einzusetzen gewesen.

Die neue Nadlerformel gibt dem Geweih rund 224 Punkte, die alte Nadlerformel 2 Punkte weniger.

Die neue Nadlerformel ist bereits 1937 unter Mitwirkung von Dir. Herbert Nadler in Budapest geändert worden und hat nun statt 4 Punkte für die Krone 6 Punkte erhalten, für die Spitzen der Enden 0–2 Punkte, früher 0–1 Punkt.

Die Staffelung der Auslage ist wie folgt geändert, wie mir Forstmeister Otto Sartorius mitteilte:

0–65 %	= 0	Punkte,
65–70 %	= 0,5	Punkte,
70–75 %	= 1,0	Punkte,
75–80 %	= 1,5	Punkte,
80–85 %	= 2,0	Punkte,
85–90 %	= 2,5	Punkte,
90 % und mehr	= 3,0	Punkte.

Da die neue Nadlerformel seit 1937 gültig ist und auch seitdem in Ungarn und in Österreich überall angewendet wird, wäre es zu begrüßen, sich auf die N e u e N a d l e r f o r m e l international zu einigen.

„MATADOR" Rominten

	rechts	links	Durchschn.	Alte Nadlerformel	Neue Nadlerformel	Internation. Bewertung		rechts	links	Durchschn.	Alte Nadlerformel	Neue Nadlerformel	Internation. Bewertung
L	118,-	113,3	115,65	57,83	57,83	57,83	Übertrag =				214,42	213,42	214,42
E 1	51,2	45,9	48,55	12,14	12,14	12,14	F				1,5	1,5	1,5
RU	28,-	27,1	27,55	27,55	27,55	27,55	P				1,5	1,5	1,5
StU 1	20,9	17,8	38,70	38,70	38,70	38,70	Kr				3,75	5,5	9,0
StU 2	17,6	16,9	34,50	34,50	34,50	34,50	SpE				1,-	2,-	2,-
EZ	10	11	21	21	21	21	+ / -						
G	10,85 kg		21,70	21,70	21,70	21,70	E 2	49	50	49,5			1,5
A	70,2 = 60-65%			1,-	0,-	1,-	E 3	50,4	56,2	53,3			13,33
				214,42	213,42	214,42	I. J. A. Ddf. 1954 Punktzahl =				222,17	223,92	243,25

Ungerader Zwanzigender aus Deutschland – Niedersachsen

Dieser Hirsch wurde 1959 im Revier Gartow, Kreis Lüchow-Dannenberg, von Forstmeister Hermann Junack, Gartow, erlegt.

225,40 Internationale Punkte,

208,44 alte Nadler-Punkte.

Einzelmaße und Bewertung:	cm	Durchschnitt	Intern. Punkte	alte Nadler-Punkte
Stangenlängen	99,5 100,0	99,75	49,88	49,88
Augsprossen	39,5 42,6	41,05	10,26	10,26
Mittelsprossen	40,0 39,7	39,85	9,96	–,–
Rosenumfänge	34,0 33,2	33,60	33,60	33,60
Stangenumfänge unten	17,0 18,8	17,00 18,80	17,00 18,80	17,00 18,80
Stangenumfänge oben	15,8 16,1	15,80 16,10	15,80 16,10	15,80 16,10
Auslage	94,0	= üb. 80 %	3,00	3,00
Enden-Zahl	8 10	18	18,00	18,00
Geweihgewicht netto in kg	9,00		18,00	18,00
Schönheitspunkte für Eissprossen			1,00	–,–
Farbe			2,00	2,00
Perlung			2,00	2,00
Kronen			8,00	3,00
Endenspitzen			2,00	1,00
			225,40	208,44

Er besitzt mit 34 und 33,2 cm die stärksten Rosenumfänge eines deutschen Hirsches.

Stärkster Hirsch aus Deutschland nach 1945

7 Hirsch

Einstangen-Hirsch aus Ungarn

Dieser Hirsch wurde am 6. September 1967 im Revier Korcynie, Sellye, Ungarn von Herrn Josef Schulte-Wrede erlegt.

Die linke Stange ist offensichtlich vor Jahren mit einem Teil des Rosenstockes herausgebrochen. Auf einem Ersatzrosenstock, der sich nach solchen Verletzungen häufig bildet, ist der Spieß mit Rose gewachsen, während alle anderen Aufbaustoffe sich auf die rechte Stange konzentrierten und so die enorme Stärke hier verursachten.

256,55 Internationale Punkte*

Maße von Karl Lotze, Bewertung von Fm. Otto Sartorius

Einzelmaße und Bewertung: cm		Durch-schnitt	Intern. Punkte
Stangenlänge	130,0		65,00
Augsprosse	52,0		13,00
Mittelsprosse	47,0		11,75
Rosenumfang	27,8		27,80
Stangenumfang unten	19,0		38,00
Stangenumfang oben	17,5		35,00
Auslage	–		2,00
Enden-Zahl	10		20,00
Geweihgewicht brutto in kg	8,6		28,00
Schönheitspunkte für Eissprossen			2,00
Farbe			2,00
Perlung			2,00
Krone			8,00
Endenspitzen			2,00
Summe			256,55

* Bei Gleichheit der abgebrochenen Stange mit der vorhandenen und bei einem entsprechenden Gewicht von 14 kg netto, d. h. kurz gekappt, hätte das Geweih eine internationale Punktzahl von 256,55.

Geweihgewicht 24 Stunden nach Abkochen mit großem Schädel, also inklusive Oberkiefer, trocken ermittelt.

Hochinteressanter Hirsch aus Ungarn

Das Ansprechen nach Körper und Geweih

In der jüngeren Altersklassen ist das Ansprechen der Hirsche in bezug auf gute oder schlechte Veranlagung nicht leicht.

Es ist daher notwendig, das Ansprechen nach Körper und Geweih nochmals besonders auf einer Abbildung zu zeigen, auf die Unterschiede zwischen jung und alt in Haltung und Benehmen hinzuweisen.

Zeitlich ist die Zeit kurz vor der Brunft gewählt, beginnend mit den halbjährigen Kälbern, von denen das rechte schwächer und abschußnotwendig erscheint.

Jede Altersstufe zeigt links einen gut und rechts einen schlecht veranlagten Hirsch, dessen Körperentwicklung und Geweih bis zum 15. Lebensjahr.

Bei der Stufe 1½jährig sehen wir einen gut veranlagten Spießer vom 1. Kopf vorn links mit langen zurückgebogenen Spießen und rechts einen unverkennbar schlechten Spießer.

Für die nächsten Altersklassen ist der neugierig interessierte Ausdruck in der Haltung von Haupt, Träger und Lauschern, die lebhaften Lichter typisch, während demgegenüber der Körperbau und die Haltung der älteren Hirsche unverkennbar ist. Besonders charakteristisch ist die Haltung der wirklich alten Hirsche, ihr Körper fällt nach hinten stark ab und das Hauptgewicht liegt vorn. Auf der Zeichnung ist das Hervortreten der starken Körper absichtlich massiert, um den Unterschied zwischen jung und alt besonders hervorzuheben.

Die Entwicklung der Geweihe bis zum 12- bis 15jährigen Kapitalhirsch ist besonders hervorgehoben. Der alte Abschußhirsch fällt geweihmäßig dagegen ab, wenn auch das Geweih eines alten Eissprossenzehners eine begehrenswerte Trophäe ist.

Es sei auch an dieser Stelle darauf hingewiesen, wie wichtig das Ausmerzen der schlechten Veranlagungen schon in den jüngeren Altersklassen für die qualitative Hebung eines guten Rotwildbestandes ist. **Und dann laßt die wirklich gut veranlagten Hirsche so alt wie möglich werden!**

1/2 j.
1 1/2 j.
2 1/2 j.
3 1/2 j.
4 1/2 j.
6 1/2 j.
9 1/2 j.
12 1/2 j.
14 1/2 j.

Beobachtungsblätter

Sie dienen als Notizbuch zum Mitnehmen auf die Reviergänge und sind ein Nachschlagbüchlein für den sorgfältig beobachtenden Jäger.

Es empfiehlt sich, daß Beobachtete möglichst bald einzutragen! Kugelschreiber eignen sich gut für Eintragungen.

Hirschbeobachtungsblatt

Lfd. Nr.	Ortsangaben (F.A., Försterei, Jagdbezirk u. dergl.):		Hirsch Nr.:
	Beobachter:	Letzte Beobachtung: Blatt Nr.	

Distrikt: Jagen:	Datum und Uhrzeit:
Woher, wohin:	
Verhalten:	

Entfernung:	Besondere Beobachtungen:
Beleuchtung:	
Allein od. mit:	
Haupt-windrichtung:	

Ansprechen des Geweihes: Beim Endenzählen, stets mit der Krone anfangen

Endenzahl der Krone	rechts	Enden	sicher oder fraglich
	links	Enden	
Eissprosse	rechts		sicher oder fraglich
	links		

Beschreibung der Geweihform: (möglichst das Beobachtete auf der Rückseite einzeichnen)

Merkmale: Farbe des Hirsches: Wildpret: Mähne: Gesamteindruck (nervös oder ruhig) Altersangabe nach Benehmen und Aussehen:	 Fährte messen a) Länge b) Breite

Maß zum Fährtemessen:
cm 1 2 3 4 5 6 7 8 9 10 11

I enggestellte Auslage, runde Stangen — II weite, flache Auslage, runde oder gerade Stangen — III enggestellte Auslage, gerade Stangen — IV gute und normale Auslage
V 2 Beispiele abnormer Formen

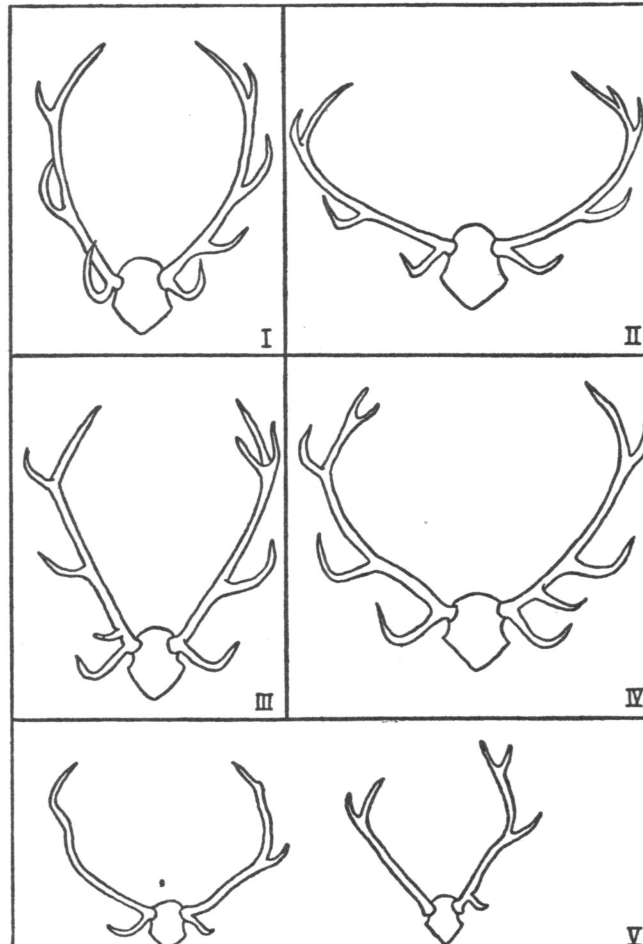

Die Altersbestimmung nach dem Unterkiefer beim 1. bis 4. Kopf

Bei den jungen Hirschen vom 1. bis 4. Kopf ist das Alter nach dem Gebiß einwandfrei zu bestimmen.

Der 1. und 2. Kopf hat einen dreiteiligen dritten Prämolar (siehe Tafel 45 A und B). Solange der dritte Prämolar vorhanden ist, spricht man von dem **Milchgebiß.** Bei dem zweijährigen Kiefer ist deutlich zu erkennen, wie die Milchzähne von den neuen Zähnen hochgeschoben werden und eine Zeitlang auf den neuen Zähnen verbleiben (siehe B). Dadurch wird das Milchgebiß verhältnismäßig stark abgeschliffen und kann bei Unkundigen zu Altersfehlschlüssen führen.

Die Prämolare des Milchgebisses werden im Juli des dritten Lebensjahres abgestoßen, das Stück ist jetzt zwei Jahre und zwei Monate alt.

Im August ist dann das vollständige Dauergebiß vorhanden. C zeigt das Dauergebiß im Januar im Alter von 2 Jahren und 8 Monaten. Der letzte dreiteilige Backenzahl ist noch nicht vollständig heraus, das Gebiß zeigt noch keinen Abschliff.

Forstmeister **Otto Sartorius** sagt dazu: „Ist der 6. Backenzahn eben aus dem Zahnfleisch heraus und zeigt nur die Spitzen, von denen nur das vordere Drittel bestenfalls in den Spitzen gebräunt ist, so ist der Hirsch nicht älter als 30 Monate, also 2½ Jahre alt.

Ist der Zahn 6 ganz heraus und ist er schon ganz wenig angeschliffen, so ist er bereits ein Jahr älter, 3½jährig. Beim 4. Kopf – 4½jährig – ist der Gesamtabschliff und der Abschiff des letzten Backenzahnes schon weiter vorgeschritten, insbesondere muß das letzte Drittel dieses 6. Backenzahnes auch schon deutlich angeschliffen sein. Außerdem ist das Zahnfleisch auch bei diesem Zahn weiter zurückgetreten, das heißt, der Zahn hat sich weiter herausgeschoben und ist abgekocht zur Hälfte bis Zweidrittel seitlich gebräunt." (Zeichnung D und E.)

Zu beachten ist, daß sich das Gebiß des Empfindungstypes stärker abschleift. Es ist weicher und empfindlicher. Es neigt eher zu Zahnerkrankungen, besonders im höheren Alter.

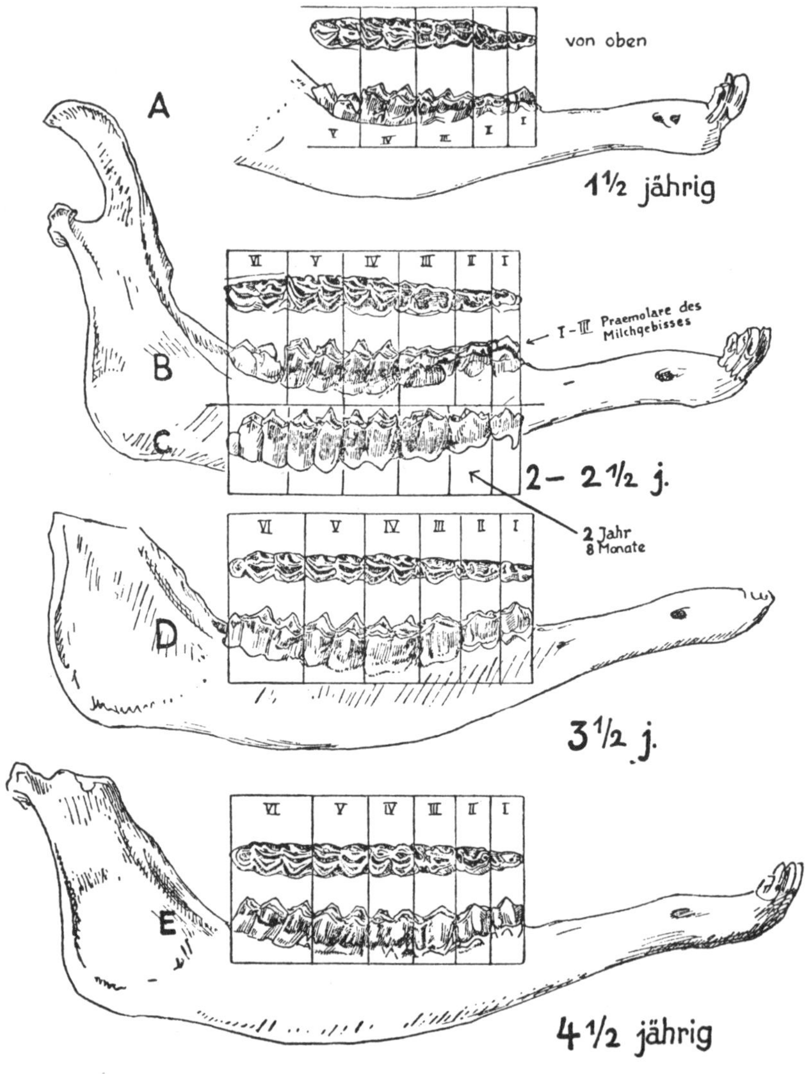
von oben
A
V IV III II I
1½ jährig
VI V IV III II I
I-III Praemolare des Milchgebisses
B
C
2– 2½ j.
2 Jahr 8 Monate
VI V IV III II I
D
3½ j.
VI V IV III II I
E
4½ jährig

Das Ansprechen des Kahlwildes

Während das Ansprechen des geweihten Hirsches unmittelbar aus dem Geweih das Erkennen seiner Veranlagung ermöglicht, können beim Kahlwild aus seinem äußeren Erscheinungsbild nur gewisse Rückschlüsse auf seine Veranlagung (Vererbungsmöglichkeiten) gezogen werden.

Das Ansprechen des Kahlwildes ist wegen Fehlens des Hauptmerkmals, des Geweihes, wesentlich schwieriger als das Ansprechen des Hirsches.

Trotzdem weist das Kahlwild genügend Merkmale auf, die uns ein Ansprechen ermöglichen, besonders wenn wir auch hier von den drei Typen ausgehen, wie sie beim Hirsch auf Seite 52 beschrieben worden sind. Dies Ansprechen nach Körperbau und Charakter bietet uns beim Kahlwild die Hauptmöglichkeiten. Tafel 46 A–C und 47 A.

So sehen wir auf Tafel 46 bei A den starken und gedrungenen „ERNÄHRUNGSTYP“ des prädestinierten Muttertieres, der besten Erhalterin stärkster Hirschgeschlechter (Becherkronen). Neben dem kräftigen Körperbau sind die starken Läufe und der etwas gedrungene Kopf auf dem muskulösen Hals das wesentliche Merkmal. Ein weiteres Merkmal ist eine besondere Heimlichkeit. Die Farbe der Decke ist dunkel braunrot.

Anders wirkt der „BEWEGUNGSTYP“. Das Tier dieses Typs zeigte eine straffe, drahtige und muskulöse Körperbeschaffenheit. Hals und Kopf sind lang und schmal B. Der Kopf des alten Tieres wirkt besonders kantig und häßlich („Eselskopf“) Tafel 47 B. Die Farbe der Decke ist gelblichrot und grau. Bei diesem Typ besteht die größere Wahrscheinlichkeit, daß er, mehr als der Ernährungstyp, dazu neigt, die Form des „Leitergeweihs“ zu vererben.

Was den dritten, den „EMPFINDUNGSTYP“ angeht, so wirkt dieser im Gegensatz zu den beiden anderen Typen edler, feiner und nervöser. Das Tier zeigt ein sehr ausdrucksvolles Haupt (Tafel 46 C). Seine klugen Lichter tasten ständig und mit höchster Aufmerksamkeit das Gelände ab, der Windfang und die spielenden Lauscher prüfen Wind und Umgebung. Infolgedessen ist das Tier dieses Typs das beste Leittier! Es ist als solches auch meist zu erkennen. Tafel 47 C.

A
B
C

Als sonstige äußere Merkmale sind der dunkle Hals und Kopf und der auf Hals und Rücken entlanglaufende „Aalstrich" mit langer schwarzer Behaarung bei einem mehr leuchtendem, dunklerem Rot der Deckenfärbung zu nennen. Läufe, Hals und Kopf sind dunkler als bei den beiden anderen Typen. Bei den Kälbern und Schmaltieren fällt häufig der dunkle Augenbrauenstrich auf und verleiht ihnen gelegentlich einen geradezu mondänen Charakter (Tafel 48 oben)! Mehr als bei den anderen Typen sträubt sich bei Beunruhigung die Spiegelbehaarung neben dem Wedel (Tafel 48 unten rechts).

Hier besteht, wie sich aus Vorstehendem ergibt, die Möglichkeit einer Vererbung des Schaufelgeweihes.

Auch hinsichtlich des Windfanges (Tafel 47) unterscheiden sich die drei Typen: Bei A ist dieser breit und wulstig, bei C dagegen schmal und feiner gegliedert, bei B nicht so breit und weniger wulstig.

Schließlich unterscheiden sich die drei Typen der Tiere ebenso wie die der Hirsche nicht nur durch ihr Verhalten und ihr Äußeres, sondern auch durch die Losung. Bei A ist diese dick, rund und mäßig lang, bei B länglich schmal, bei C kleiner, kurz und rund, wobei daran zu erinnern ist, daß die weibliche Losungsbohne nicht, wie die des Hirsches, das Zäpfchen und die Vertiefung aufweist.

Das Merkmal der Losung ist beim Kahlwild um so wichtiger, als wir hier kein so differenziertes Ansprechmerkmal haben, wie es das Geweih des Hirsches ist.

Da innerhalb eines Losungshaufens, der aus etwa 100 bis 130 Bohnen besteht, niemals Bohnen nur einer dieser Formen vorhanden sind, kann man bezüglich der Veranlagung bestimmte Schlüsse nur ziehen, wenn man die Losungshaufen nach den drei verschiedenen Typenformen der Einzelbohnen auszählt und prozentual bestimmt.

Im übrigen gilt aber auch hier der Grundsatz, daß nur anhaltende Beobachtung und langjährige Erfahrung zu praktisch brauchbaren Ergebnissen führen kann. **Insbesondere hat auf diesem Gebiet die wissenschaftliche Forschung noch große Aufgaben!**

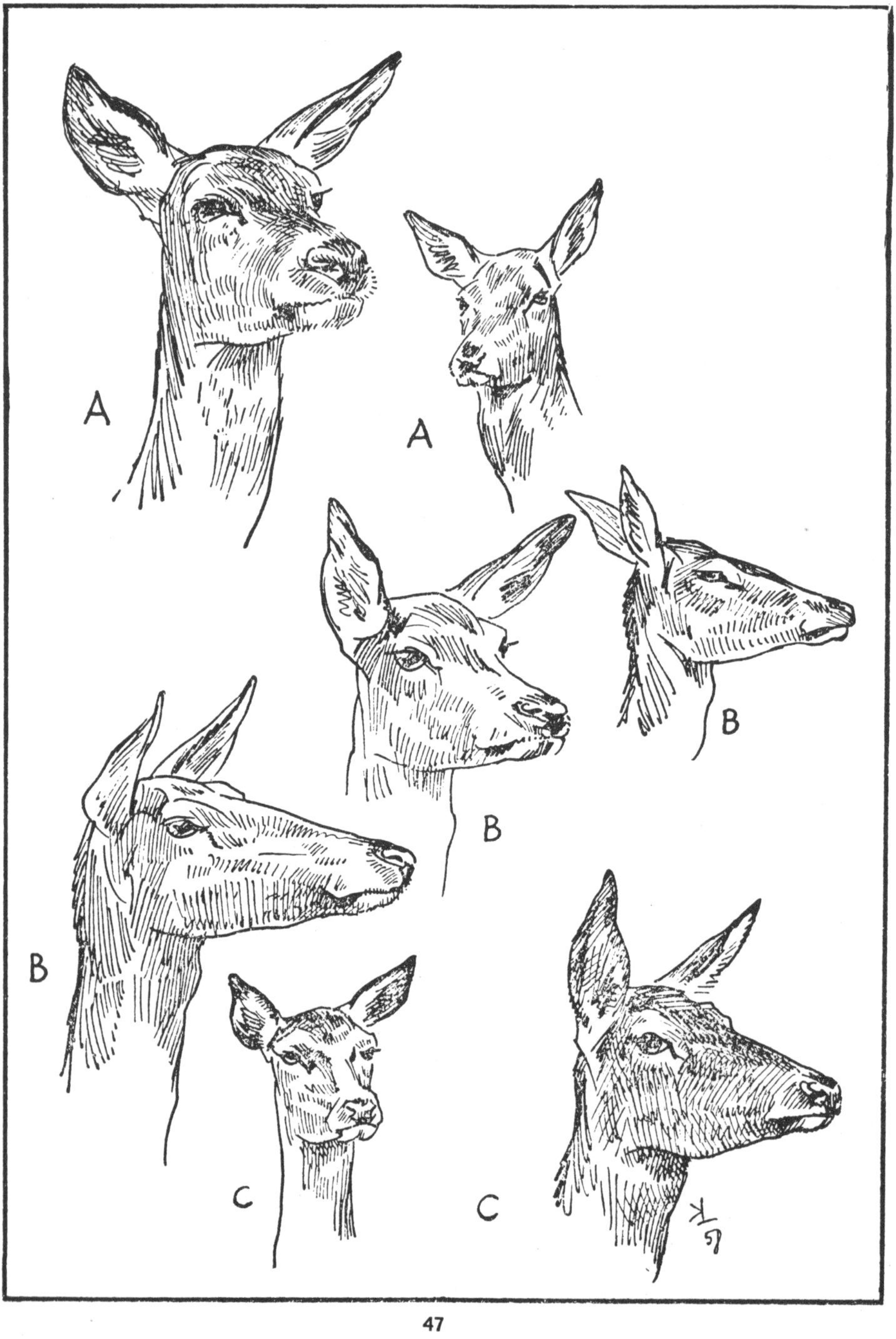
A
A
B
B
B
C
C

Beim Beobachten des Rotwildes im Revier ist, während der Jagdzeit auf den edlen Hirsch, den Wechseln der verschiedenen Kahlwildrudel besondere Aufmerksamkeit zu widmen. Die Wechsel des Kahlwildes sind beständig! Dort finden wir während der Brunft den Hirsch!

Benutztes Schrifttum

Baur, E.: Einführung in die experimentelle Vererbungslehre. Berlin 1919.

Beninde, J.: Zur Vererblichkeit der Kronenformen beim Rothirsch. Zeitschrift für Forst- und Jagdwesen 1937.

Beninde, J.: Zur Naturgeschichte des Rothirsches. Leipzig 1937.

Benzel: Das Abwerfen des Hirsches und der Wert der Abwürfe für die Hege. Deutsche Jagd 1937.

Brand, K.: Das Gehörn. Berlin 1901.

Bley, F: Vom edlen Hirsche. Leipzig 1923.

Bley, F.: Der Harzhirsch und seine Jagd.

Heck, L.: Der deutsche Edelhirsch. 1935, 1956.

Hoffmann, C.: Zur Morphologie der Geweihe der rezenten Hirsche. Cöthen 1901.

v. Kapherr, E.: Das Hirschgeweih. Neudamm 1923.

v. Kittlitz: Das notwendigste Wissen zur Rotwildhege. Neudamm 1934.

Kißling, W.: Der Rothirsch. Neudamm 1925.

Olt: Geweihentwicklungsmerkblatt der Gesellschaft für Jagdkunde.

Rhumbler, L.: Zur Entwicklungsmechanik von Korkziehergeweihbildungen und verwandter Erscheinungen. Berlin 1929.

Rhumbler, L.: Über die Abhängigkeit des Geweihwachstums der Hirsche, speziell des Edelhirsches, vom Verlauf der Blutgefäße im Kolbengeweih. Zeitschrift für Forst- und Jagdwesen. 1911.

v. Raesfeld. F.: Das Rotwild. Berlin 1911.

Sallasch: Der Kronenhirsch und die Mendel'schen Gesetze. Vereinigte Zeitschrift für Forst-, Jagd- und Naturkunde 1911.

Schäff, E.: Jagdtierkunde. Berlin 1907.

Voigt, F.: Neue Wege der Hege. Neudamm 1936.